HISTORY OF

TSUSHIMA

# 元寇と対馬の歴史



英賀千尋 著

ビジネス教育出版社

# 目次

第一章　モンゴル軍の宣戦布告
【コラム】暴風雨が吹いたのは撤退を決めたあとだった⁉ …… 12
役割が異なった？　東路軍と江南軍が合流したワケ …… 14
元朝からの国書を日本は総スルーした …… 16

第二章　命と情報の交換
【コラム】鎌倉幕府が元朝を見くびった意外な背景 …… 38
蒙古襲来前から国内問題が勃発！「二月騒動」と「悪党問題」
高麗への侵略を止めたフビライの思惑

第三章　文永の役の終焉
【コラム】再来に備えた鎌倉幕府の対応とは …… 64

対馬と壱岐で行われた残虐行為……66
集団戦法は蒙古軍ではなく日本軍のほうだった⁉……68

第四章　弘安の役

【コラム】フビライの執念！「第三次元寇」の計画……98

第五章　漫画とコラムでわかる対馬の歴史

【コラム】武器型青銅器からみる対馬の信仰……102
いつから対馬は日本になったのか……105
日本最強の城！注目が高まる「金田城」……106
仏像が盗まれた！韓国での裁判の行方……107
人口が増え過ぎて困った！対馬藩の苦悩……110
朝鮮が対馬を襲撃した「応永の外寇」……111
日朝貿易で台頭した宗氏……112
幕末に起きた「ロシア軍艦対馬占領事件」……113
日本人居住地で起きた「三浦の乱」……118

サンフランシスコ平和条約と対馬 …… 120

## 付録　対馬に行ってみよう！

対馬の神社 …… 124
古代山城・金田城（かなたのき／かねだじょう） …… 126
小茂田浜（こもだはま）神社 …… 129
対馬藩主菩提寺　万松院（ばんしょういん） …… 132
姫神山（ひめがみやま）砲台 …… 135

# 第1章 モンゴル軍の宣戦布告

※ PS4 用ゲームコンテンツ Ghost of Tsushima

ちょ…ちょっと優介っ
何を見に来たのよ
何って…
"元寇（げんこう）"の歴史だよ

元寇……??
ナニソレ
えっ

モンゴル帝国と対馬の戦いを知らないの!!
うるさいな
でっかい声で

日本侵略のモンゴル軍と鎌倉武士の戦いだよ
日本にとって最大のピンチと言っても過言ではない重要な歴史だよ

それを"知らない"なんて
わっわかったよっ
じゃぁ…教えてよっ

なんでモンゴル帝国は日本を侵略しに来たの？

事の始まりは、…
1266年（文永3年）モンゴル帝国（蒙古（もうこ））から日本に国書が届きます

モンゴル帝国第5代皇帝
フビライ・ハンからの手紙です
願わくば、両国が友好関係を
結び親睦を深めたい
短い文で、日本へ友好関係を
呼びかけて来ました

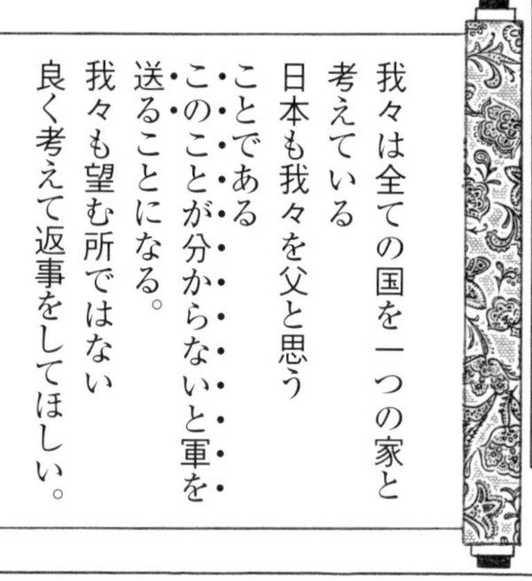
しかし、手紙の最後に。
我々は全ての国を一つの家と
考えている
日本も我々を父と思う
ことである
このことが分からないと軍を
送ることになる。
我々も望む所ではない
良く考えて返事をしてほしい。

幕府
ザワ
おどしですね
おどしだな…
蒙古の使者

返書を頂きたい
ニコ
ちょうりょうひつ
趙良弼

帰れっ
・・・・・・

※マルコ・ポーロは日本に訪れておらず、中国で聞いた噂話として収録した。

武力行使ではなく、南宋と国交のある国を征服し
バッ
南
モ
貿易が出来ないように孤立させる作戦に出ます

日本は、南宋に、金、銀、資材など貿易をしていましたので
隣国
南
日
モ
ムッ
日本も属国にしようと再三、使者を送ります

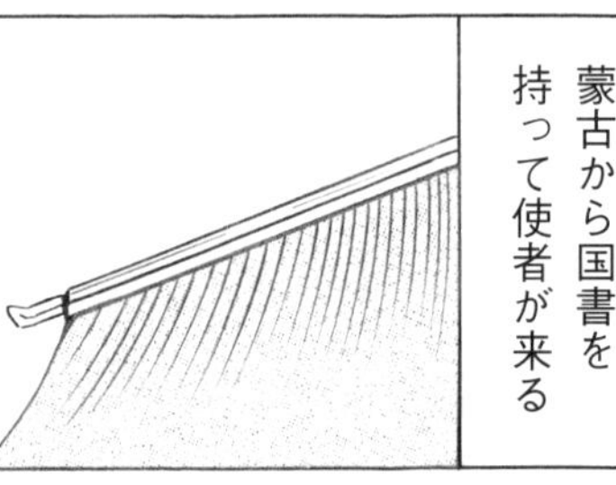
そして再び蒙古から国書を持って使者が来る
今回こそは返書を頂きたい

最後の国書です

使者が来たのは何回目だ？
コソ
3回目です

これまで何度も国書を出しましたが返書がありません
このままですと、我々は兵を用意せざるを得ません

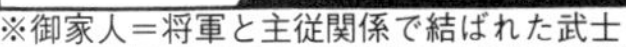
※御家人＝将軍と主従関係で結ばれた武士

執権＝将軍補佐

趙良弼（ちょうりょうひつ）も使者として滞在中に
日本の土地、海、気候、人など

戦争の下調べをしていました

※日本に１年滞在

「日本侵攻」に反対したが
意見は却下される

そしてついに…
オォーーー
出陣の2日後、10月5日にモンゴル軍約1000人が対馬の小茂田浜に襲来する

超ヤバいじゃん
超ヤバいよ
ザザァ
ザァ

モンゴル軍1000人に対して日本軍80余騎で対抗だよ
ズーン
えーーーっ 殺されちゃうよ

ここからは、歴史資料がほとんど残っていないから
どこまでが真実かわからないけど…

対馬は苛酷を極め、「文永の役」へ突入する

そもそも何で対馬が狙われたの？
対馬
それにも理由があるんだよ

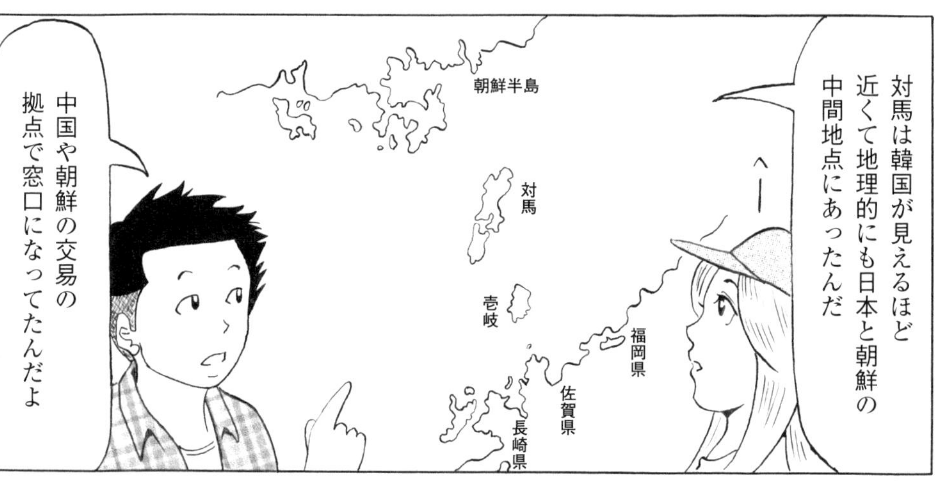
対馬は韓国が見えるほど近くて地理的にも日本と朝鮮の中間地点にあったんだ
へー
朝鮮半島
対馬
壱岐
福岡県
佐賀県
長崎県
中国や朝鮮の交易の拠点で窓口になってたんだよ

だから、「太宰府」は、九州に設置されてたんだ…
ちなみに…
「太宰府」とは、今で言うと「外務＋防衛省」にあたる
現：正殿跡

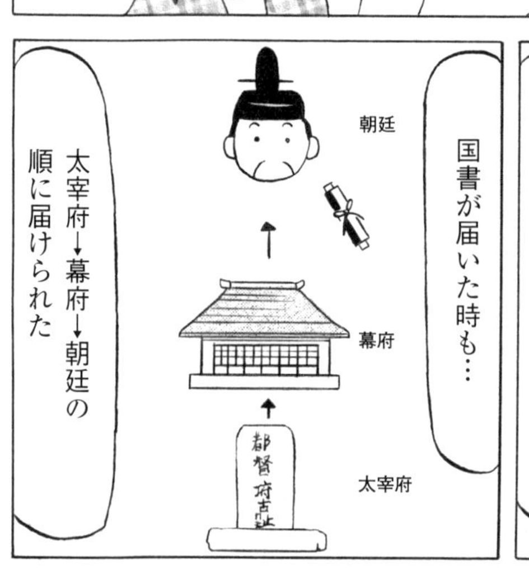
国書が届いた時も…
朝廷
幕府
太宰府
太宰府→幕府→朝廷の順に届けられた

あの遣隋使小野妹子も対馬、壱岐を通って隋へ行ったんだ
渡航は九州から
対馬
壱岐

当時の港町には、多くの外国人が行き交いし賑わってた

だから使者のおじさんも怪しまれずスパイできたのかな?
おじさん…
趙良弼
幕府は完全に油断したよね

だけど日本に来た使者は、高麗人もいたからね
今日は私が
次は私が
高麗、蒙古と入れ替わりに来て、そこまで気が回らなかったのかも

高麗人は朝鮮にあった国の人ね
交渉しろ
返事がほしい
返事はしない
うう
蒙古と日本の板ばさみで苦しい立場だったと思うよ

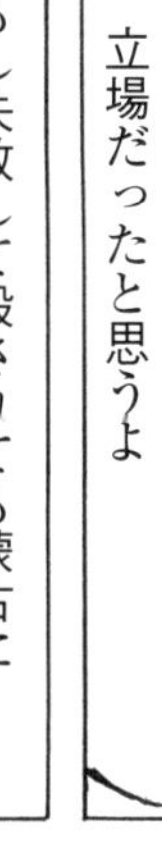
もし失敗して殺されても蒙古に損はないし成功すれば、それで良し

こわ〜
蒙古は服属した国の資金、人を使うことで優位に進めたんだね

## 暴風雨が吹いたのは撤退を決めたあとだった⁉

鎌倉時代中期、モンゴル帝国と属国である高句麗の連合軍が日本へ2度にわたって侵攻した。これを「元寇」と呼び、1274年の文永の役と1281年の弘安の役は、ともに、暴風雨によって撤退したとされている。

日本にとってはまさに「神風」が吹いたわけだが、実は、少なくとも1回目の元寇である「文永の役」は、撤退した原因は暴風雨だけではなかったといわれている。『元史』日本伝には、至元11年、つまり、1274年の項に、次のような記述がある。

「官軍不整、又矢尽」

軍が整わず、矢が尽きた――。

軍が整わなかった理由までは読み取れない。軍議で意見が割れたのかもしれないし、艦船に不備があったのかもしれない。いずれにせよ、状況が変わったことがわかる。

また、消耗品で、かつ、元軍の主要たる武器の一つである矢がなくなってしまえば、戦いようがない。陸上と異なり、海上での戦いは、船が上下に揺れるために、相手に照準が合わせにくく、矢を乱発した可能性も高い。これも詳しい事情はわからないが、予想以上の苦戦によって、矢の消耗量が遠征前の予想と食い違いがあったと思われる。

注目すべきは、この「官軍不整、又矢尽」の記述が時系列的に、暴風雨が起きる前であること。学説のなかには、気象学上から「元寇のときには暴風雨自体がなかった」という見解もあるが、たとえ暴風雨があったにしろ、それだけが撤退理由でなかったのは確かなようだ。
日本軍は、偶然の奇跡によって、元軍を撤退させたのではない。必死の奮闘によって、元軍に想定外の事態を引き起こし、撤退へと追い込んだといえるだろう。

## 役割が異なった？　東路軍と江南軍が合流したワケ

二度も失敗するわけにはいかない――。

前回の文永の役よりもはるかに大軍で押し寄せてきたのが、二度目の元寇、1281年の弘安の役である。その大軍は二手に分かれて、日本に襲いかかってきた。

朝鮮半島の方からの東路軍と、慶元からの江南軍とが、壱岐で合流して日本を襲来する予定だった。だが、江南軍が合流に遅れたため、東路軍が単独で博多湾の志賀島に攻め入ることになった。

だが、この合流については、単なる連合以上の意味合いがあったのではないか、という説がある。

まず、構成員からして違いがあった。東路軍は主力のモンゴル人に高麗軍が合わさった陸軍的な部隊、一方の江南軍は南宋の軍隊で海軍的な部隊だった。元朝が南宋を滅ぼしたのは、弘安の役のわずか2年前のこと。いわば、南宋の軍隊は被征服民であり、どこまでフビライに対して忠誠心があったかは計りかねるところがあった。

そのため、軍の数としては、江南軍のほうが多かったものの、東路軍が実際の主力だったと考えられる。東路軍が上陸を行い、江南軍はそれを補佐する役割だったとするのが自然だろう。

江南地方が穀倉地帯として知られていることから、壱岐で合流する目的は食糧の補給だった可能性がある。実際に、合流に失敗した東路軍は、その後に食糧と水不足に悩まされ、江南軍が遅れて到着した頃には、死者も出ていた。

両軍がようやく合流すると、今度は暴風雨が起きて、壊滅的な打撃を受けて撤退を余儀なくされている。役割の異なる２つの軍のコンビネーションがうまくいかなかったことも、二度目の元寇が失敗に終わった大きな要因だといえるだろう。

## 元朝からの国書を日本は総スルーした

元寇は1274年の文永の役で、元朝が日本に急襲してきたというイメージが強いが、それは誤解である。

元朝の皇帝世祖フビライは、7年間にわたって日本に使節を派遣しており、その回数は実に6回にもおよんだ。そのうち、実際に日本に到着したのは3回だったが、1268年（文永5年）、1269年（文永6年）、1271年（文永8年）と日本に通好を求める国書を、使節を通じて届けている。

最初の国書では「蒙古国皇帝、書を日本国王に奉じる」と書かれてあり、新しい政権が確立したことを丁寧に知らせるものだった。また、国書の最後尾に「不宣（ふせん）」と記されていることに歴史研究家の三池純正氏は注目。『モンゴル襲来と神国日本』で、次のように記している。

《この言葉だけをとれば「十分に意を尽くしていない」という意味であり、友人の間で交わされる友好的な言葉といえる》

大国が誕生し、日本との友好関係を求めている――。受け取った日本側もその重要性は十分に認識していた。「国家の珍事、大事なり」と、当時の京都朝廷での関白、近衛基平は日記に書いている。

朝廷では10日間にもわたって、この国書の取り扱いについて協議されたが、結局は返書を送らないことに決定している。返書を出すことに猛反対したのが、近衛基平だったと言われている。

近衛基平は、この国書の重要性を認識しながらも、なぜ返事を出すことに反対したのか。実は国書には次のようにも綴られていた。

「相通好せずんばあに一家の理あらん哉、兵を用いるに至る、それをいずくんぞ好むところならん」

友好関係を結べなければ、兵を出さなければならない。誰がそれを好むだろうか――。

権勢を誇ったモンゴル帝国にはそれだけの自信があった。だが、その態度が近衛基平を始めとする日本側の反発を買うことになった。

事実上、国政を牛耳っていた鎌倉幕府でも検討をした結果、「無礼なるによりて、返事に及ばぬ」と返事を出さないことに決めている。武力を持つ鎌倉幕府は、朝廷よりさらに強気な態度で、国書の返事を拒んだと思われる。

その後も元朝から国書は届くが、最初に決めたスタンスを覆すのは、どんな組織でも難しい。ろくに議論もなされないまま、すべて返事をしなかった。メンツを潰された元朝は、日本を侵略することを決めざるを得なかったのである。

# 第2章　命と情報の交換

1274年（文永11年）10月5日、対馬の西岸は
蒙古30000人の軍勢と900隻の船で埋まった
ゴゴォォォォォ
ォォォォォォ
大元

な、なんだ…あの数は…
対馬の海が蒙古の船で
見えねぇ…
ザッ

7…9艘から上陸始めたぞ
その数…数百…いや
千はいるか…

対馬の地頭※で守護 少弐景資※の
代官宗助国
むぅ…
※国府（島府）から連絡を受け
夜通し山を越え
80余騎を率いてかけつけた
国府＝政務と執了施設
地頭＝存地の役人（警察行政を管轄）
※少弐景資は武将・御家人
皆の者、このまま山を降り、
蒙古が平原に来るのを
待ち伏せしよう
おぉ!!
何か作戦があるわけでなく
ザッ ザッ
強力な武器があるわけでもない

歴史を見れば、
全員討死!!
もし、自分なら
この状況でどうやって
生き残る?!

鏑矢＝戦いの合図等に使う

バァーン
ハッ
合図を
?
??
?
?
?
フッ
?
クックッ
ハハハ
鐘の音??
ヴァーン
ヒュン
ヒュッ
ヴァン
伏せて

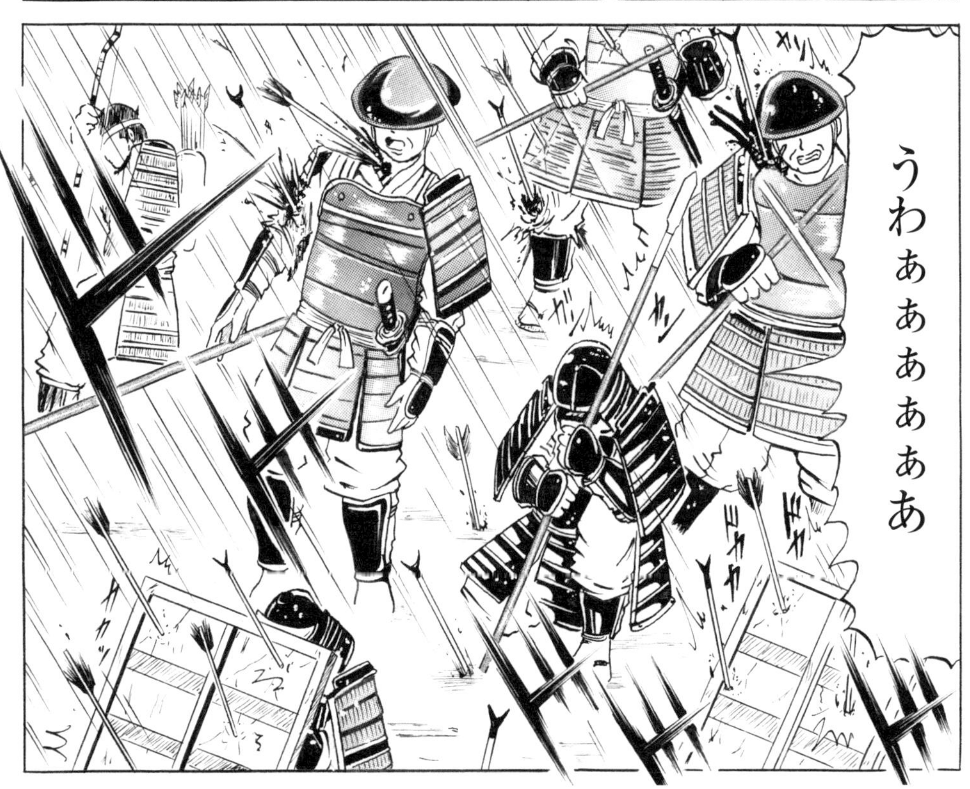
うわあああああ

ダッ
このヤロオ
ま、待って

怯むなァ！
痛てーー
ヒヒィ
大丈夫か
わー
兄キ

やぁやぁ
遠からん者は
音を聞け、
ザザザ
近くば寄って
眼にも見よ
戻って

バァン
前へ

ドドド
我は二代目…

ドドッ
ぶ
ダラン

礼儀知らずの
不埒者め!!
皆の者
かかれ!!
オオォ
いけない

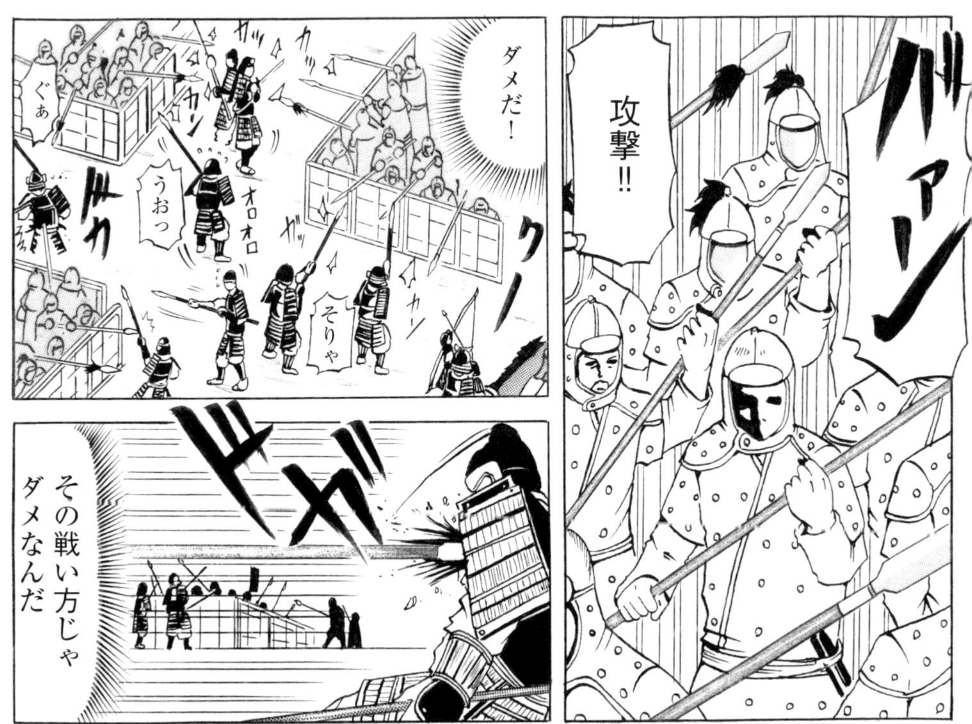
バァーン
攻撃!!
ダメだ!
ぐぁ
うおっ
オロオロ
そりゃ
ドズ
その戦い方じゃ
ダメなんだ

日本式の
戦い方は
モンゴル軍に
通用しない

ビシ

!!
ドッ
おぉ!!大将の一人を
射貫いたぞ

地頭様に
続けー
おお!!

ドドド
あっ
ぐっ
むう

ザン
ワァアアアア
ドカ
ポーーーン

ドォオオン
鉄砲(てつはう)!!

ブワッ
ガッ
うわぁ
ガンッ
ガンッ

パラ
うぁ…
ヒヒィン
パラ
な、何だ

ダッ
ヤアアア

ギャアアア
ドッ
ぐあ
ドドッ

ワ
ワ
・・・
ハァハァ
兵衛次郎!! 小太郎!!
!!
ぐぁぁ

地頭様
地頭様

ガチャ
お前達よく聞け
は、はい
蒙古の襲来を太宰府に伝えに行け

えっ?! …しかし
ガッ
ガッ
このままでは博多も落ちてしまう

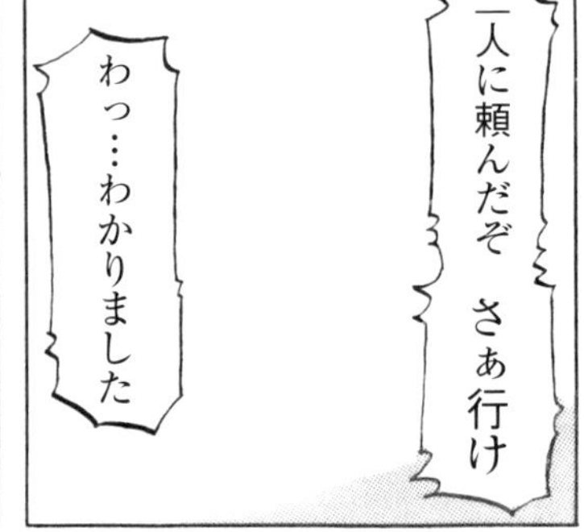
二人に頼んだぞ さぁ行け
わっ…わかりました

我こそは末裔の宗助国で…

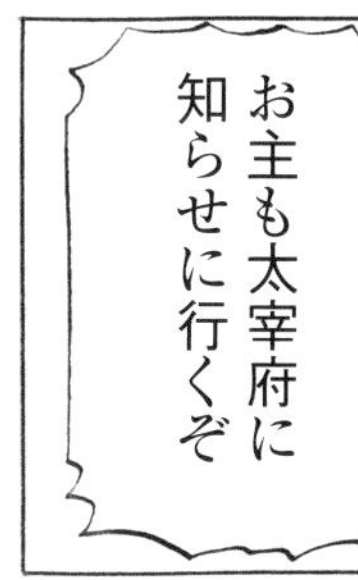


当時の日本は外敵と戦った経験が無く
蒙古軍になす術がなかった。

宗助国をはじめ息子右馬次郎他
全員が戦死した

ギイ
ギイ

三人は小型の船を博多へ走らせ
事の顛末（てんまつ）を知らせに行った

面を上げ
対馬で何があったか
申せ

それが大勢の蒙古に
攻められまして…
見た事が無い
武器などで…
馬も人も倒れ

蒙古の数はおよそ3万
上陸した兵が10000人です

蒙古の矢には、毒が塗ってあり、
火薬も使います
む
“鉄砲”という武器です
ザワ

陶器製の玉に
鉄片と火薬を仕込み
鉄砲
さく裂させて攻撃
します

うむ…
蒙古の戦法は
どうだ？

戦い方も蒙古と日本は違います
武士は個々で戦いますが蒙古は集団で襲ってきます
我こそは○×の子○×の家臣○×である
名乗り
弓隊も同じです個々で射ったり狙うのではなく
雨のように…
合図
〝鐘の音〟で一斉に雨のように降らせます
…ついでに〝名乗り〟を上げるのはよくない。
蒙古には意味がありません
習慣もありませんので…
うむ…
うむ、
よし!!

児玉党＝武士団の１つ

流人＝流罪に処せられた罪人

あとは、港にいる高麗人や朝鮮人から話を聞こう
蒙古の情報を収集して作戦を立てよう

ははぁ!!

ところでそちは何者だ
ズイ
へ?!

名前ですか?
優介です

優之介?
うむ
なぜ蒙古にくわしいのだ?

じっ
えっ…っと
ドキ
ドキ
港で高麗の方が話してるのを聞いた気がします

そちは外国の言葉がわかるのか!!
通訳として…
名前ですよね　優之介です

その頃対馬では
蒙古軍による虐殺が
始まっていた

女、子供、赤ん坊も容赦なく
殺され捕虜にされた
逃げろ
オギャ
オギャ
ぜぇぜぇ
恐いよ
わーん
わー
一人も逃がすな
ザッ
女、子供は早く
逃げろ
鬼め

当時、捕虜は戦利品として将兵の私有財や労働力として扱われた
また、王や兵の間で贈答、献上されていた。
ド

また、生け捕りにされた、女性は手に穴をあけられ
数珠つなぎにされて船のへりに〝矢よけ〟として
並べられた

後に文永の役から帰国した
軍総司令官忽敦（クドゥン）は

捕虜の日本人（子供男女200人）
を高麗国王らに献上した

蒙古軍は対馬に9日間留まり
小茂田を焼き払った

そして10月14日
壱岐（いきし）へ侵攻する

武士が戦う時、何で一人で突っ込んで自己紹介するの？
我こそは○×なり
○×の家臣なり
それにも理由があるんだよ

この自己紹介は、「名乗り」といって自分が何者か明らかにしてるんだ
自分は○×家の○×である

ちなみに、名乗ってる最中は、攻撃をしてはいけない暗黙のルールがある
ルール違反礼儀知らず
？
モンゴル人は知らないからね…。
あ

敵陣にまっさきに攻めることを「先駆（さきがけ）」といって、手柄をみんなに目撃してもらうんだ
獲ったどー
○×家の○×氏の手柄だ
当時、「褒美」を貰うには、目撃証人が必要だったからね

他に…
手負（ておい）
分捕（ぶんどり）
討死（うちじに）
…がある
褒美がもらえる
ほうほう

褒美といえば蒙古家の兵隊も必死だったんじゃないかな
蒙古軍の兵は3万人近くいたけど、蒙古人は30名程度しかいなかったんだ
えーっ何で??圧勝じゃん

残りは、蒙古軍が占領した、高麗や朝鮮の人なんだよ
30人
約29970人
混成部隊…というより寄せ集めの軍だね

属国にされた兵は手柄と戦利品に躍起になってたのかも…

蒙古の属国は軍事、食料、遠征費など重税に苦しみ女性も差し出されていた

だからって赤ちゃんや妊婦さんを殺すなんて絶体許せないっ
それが戦争なんだよ戦争は人を怪物にする

ところで優之介って誰?
それを言っちゃおしまいよ
マンガだもん

## 鎌倉幕府が元朝を見くびった意外な背景

鎌倉幕府は、事前に元朝から友好を求める国書が何度も届いていたにもかかわらず、それをすべて無視して、元寇を引き起こしている。防ぐ方法はあったようにも思えるが、どうも鎌倉幕府は元朝の勢いを見くびっていた節がある。その背景には、平清盛が重点施策として行っていた、日宋貿易があった。

日宋貿易とは、平安時代から鎌倉時代にかけて、日本と宋との間で行われた貿易のこと。平清盛は武士として初めて太政大臣になると、摂津国福原（神戸市兵庫区）を拠点にし、大輪田泊（おおわだのとまり）という港を改修。宋船が入港できるようにし、日宋貿易を活性化させた。

鎌倉幕府へと政権が移っても、その方針は引き継がれて、宋の商船が日本に来ては、主に、日本の荘園領主や博多商人が積極的に宋の商人と取引を行った。具体的には、宋からは銅銭、絹織物、陶磁器、書画などが輸入され、日本からは黄金、真珠、硫黄、刀剣、扇子、毛筆、屏風などが輸出された。

宋は1127年に、女真族の王朝である「金」に華北を征服されると、南部で「南宋」を再建。そして、1234年に金がモンゴル帝国に滅ぼされると、南宋も征服の脅威にさらされることになる。幕府が取引を行っていた宋の勢いはどんどん衰えていったのである。

にもかかわらず、幕府は宋とのやり取りを通じてのみ、中国の状況を把握していたため、北方の諸民族についての情報はかなり限定的だったと考えられる。そのため、モンゴル帝国、ひいては元王朝の実力を見誤ってしまい、国書をすべて黙殺するというリスクの高い外交へとつながってしまったのだ。

## 蒙古来襲前から国内問題が勃発！「二月騒動」と「悪党問題」

蒙古襲来によって、鎌倉幕府は大混乱に陥ったと思われがちだが、実はその前からいくつかの要因で政情はすでに不安定であり、そのため、国書にも十分な対応ができなかったと思われる。

まず挙げられるのは、1272年（文永9年）に起きた「二月騒動」である。鎌倉幕府の第8代執権を務めた北条時宗が、謀叛の疑いで名越時章と教時の兄弟を誅殺。さらに、六波羅探題北方の北条義宗に命じて、異母兄で六波羅探題南方の地位にあった北条時輔のことも討伐している。

だが、事件後、名越時章は事件に無関係であることが発覚。時宗が蒙古襲来に備えて、反乱分子を一掃したかったのではないかと言われている。真相はやぶの中だが、事件後に、時宗が政治の独裁化を進めたことは事実であり、始めからねつ造された謀反疑惑だった可能性は高い。

さらに、もう一つが「悪党問題」だ。近畿地方を中心に、幕府や荘園領主に反抗する武士たちが現れた。土着の武士や農民を率いて荘園の年貢を奪ったり、荘園の所領を侵したりなど、問題行動を繰り返す――。そんな「悪党」と呼ばれる無法者の存在が問題視されていた。当然、荘園領主は幕府に取り締まりを訴えたため、時宗は蒙古襲来に準備しながら、そんな悪党の鎮圧も命じなければならなかった。

元寇を撃退後、莫大な戦費により、御家人たちは困窮。恩賞も不十分だったため、武士の間では不満が爆発する。悪党の動きは活性化し、そのことが鎌倉幕府を衰退させることになった。

## 高麗への侵略を止めたフビライの思惑

元寇では、日本を襲撃するにあたって、元と高麗が連合軍を形成した。両国は、どのような外交関係にあったのだろうか。

高麗は１２１９年、江東城の契丹族を討伐するために、モンゴル帝国と手を結ぶと、それ以後、莫大な貢物を要求されるようになる。これまでも高麗は遼や金に対しても貢物を出してきたが、それはあくまでも貿易であり、豪華な返礼を受け取ることができた。ところが、モンゴル帝国には一方的に徴収されるのみ。それも莫大な量を要求された。そのうえ、貢物が気に食わなければ、高麗国王に品を投げつけるという非礼ぶりだった。

そんな傲慢なモンゴル帝国に対して、国内でもフラストレーションが溜まっていたようだ。１２２５年には、高麗から貢物を受け取ったモンゴル帝国からの使者が、帰国する途中に、何者かに殺害されるという事件が起きる。高麗の国王はその責を問われることとなった。

この事件を契機に、国交は断絶。モンゴル帝国は金を滅ぼすと、その矛先を高麗に向けて、１２３１年から１２７３年まで、５度にわたって侵略行為を行っている。

実に40年以上にもおよぶ両国の争いだったが、フビライが即位すると、高麗への侵略行為はなくなった。その背景にあったのが、日本の存在だ。

モンゴル帝国にとって当時、最大の敵は宋だった。そこで、フビライは、宋と親交が深い日本を取り込むことで、宋を孤立させようとした。そのため、高麗から使者を出させて、モンゴル帝国からの国書を届けさせている。当然、日本に渡るためには、コストがかかり、かつ、身の危険は多い。侵略行為はなくなっても、高麗への負担は大きかった。

そして、国書を無視された元は、日本への侵略を決行。もちろん、高麗にも出兵を命じ、元寇のための連合軍が結成されることになった。

# 第3章　文永の役の終焉

次の標的は「壱岐」だと

はい対馬、壱岐、博多の経路で侵攻すると思います
早急に援軍を送らないと壱岐も対馬の惨状に・・・・

お主の言うことが本当だとして…
今から兵を集め戦支度をし、船を用意しても

壱岐には間に合うまい
!!

ましてや、相手は3万の軍勢この博多も壊滅の危機が迫っておる
3万…
ゴク
すぐにでも戦の準備をしなければならん

お主も次の戦いに備えよ

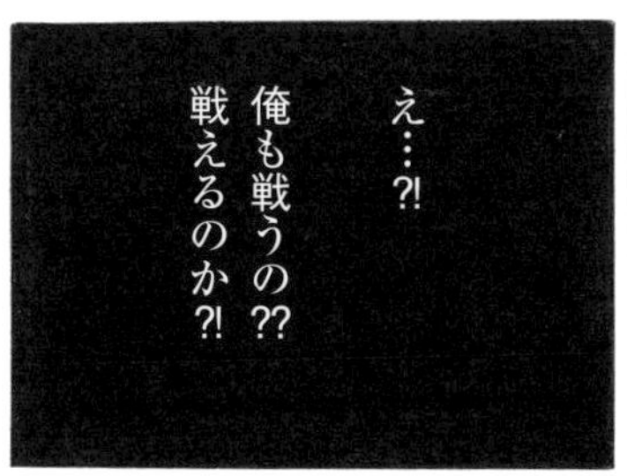
え…?!
俺も戦うの??
戦えるのか?!

ジャッ
ジャ

歴史だと、蒙古軍は博多で戦い
一夜明けると撤退し消えていた
一説では「神風が吹いた」なんて
いわれてるけど、証明されてない
ジャッ
ジャ

だけど、蒙古の船が沈没して
海底から残骸が見つかった記録はある

その一夜で何かが起きたことは
間違いない
……

神風の正体とは
なんだ?!

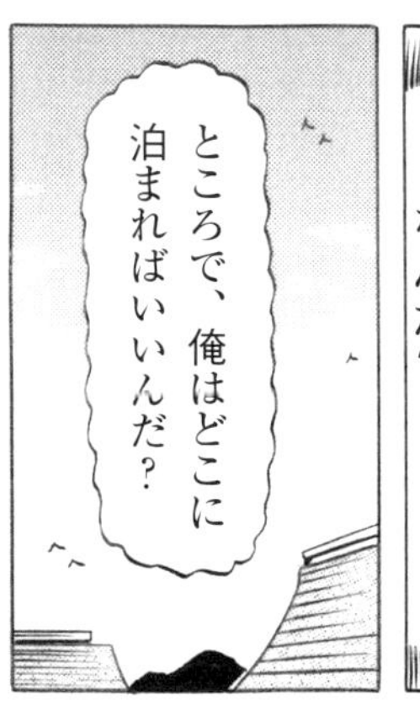
ところで、俺はどこに
泊まればいいんだ?

1274年（文永11年）10月14日
蒙古軍は壱岐の西側に到着
ドドドドッドド
先発隊として2隻の船から
約400人が上陸

壱岐の守護代 平景隆（たいらのかげたか）は
100余騎で陣を布いて待ち受けた
ザザッ
ズ
対馬が全滅したと
連絡を受けていたからである

蒙古を迎え撃ち戦うも
大敗し庄の三郎ヶ城（しょうのさぶろうがじょう）に退く
ドドッ

ワー
ワー
籠城し応戦するも
翌15日に全滅

ゴオオオォォ

民家はすべて焼かれ7千頭ほど
いた家畜、軍馬は喰べられた

平景陸の家臣
宗三郎が命からがら
壱岐の現状を伝えに来た
そして…
我が軍は
2日で全滅

主君、平景陸様は、私を伝達に出した後…
一族もろとも自害されました

うっく
うむ…

とにかく奴らは集団で
襲ってきます
我々と
数が違う!!
長槍と短刀を持ち
弓矢も2倍も飛びます
グッ

うむ…
矢に毒が塗ってあり
火薬も使う…と
「鉄砲」は殺傷力が低く
馬の脅かしに効果あり…
〝足止め〟の
道具だと

優之介の話と
ほぼ々同じだな
はっはい

お主も?!
自分は
対馬からです

現存、九州中の武将が博多に
集まっておる
蒙古の戦法、軍勢、武器の情報を
各大将に共有せよ

総大将、少弐景資
指揮の元、沿岸に陣を敷く
ははぁ

あ…

ひょっとして対馬、壱岐を
捨て駒にして蒙古の力を
伺っていたのか?
18才の若さで…
…だとすれば〝北条時宗〟も
恐ろしい人だ
スッ

さぁ…数日には
蒙古が襲来するぞ
返り討ちだ!!

同年10月20日午前8時頃
金方慶（キムバンギョン）率いる蒙古軍は戦艦から
上陸艇「抜都魯（バートル）」で上陸開始

今津、赤坂、百道原（ももじばる）あたりから
分散して進撃する

今津浜で
迎え撃つのは…
おうおう
来やがったぞ

船から降りる所を狙うぞ
おう
地元の糸島の原田、深江、波多江を始め
異国警護番の大隅、日向の御家人（約2000人）

※松浦党＝武士団の連合
松浦四十八党とも呼ばれていた

上陸地点は湿地帯、干潟に
なっていて戦闘に不向きで
あった為

大型船待機

百道原

祖原山

鎌倉幕府は上陸阻止が
出来なかった

しかし、赤坂山に布陣していた
菊池、侘磨幕府軍が蒙古軍を襲撃

蒙古軍は祖原山へ撤退するも
追撃され敗北

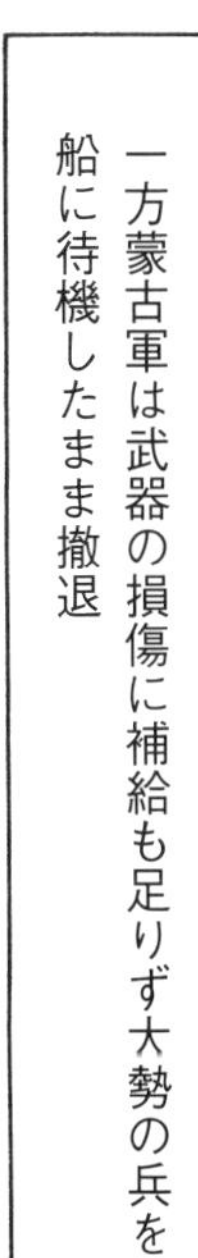


およそ上陸戦に投入された蒙古軍は１万５千人に対して鎌倉幕府軍２万５千人（正確な資料は残ってない）

夕方18時頃
戦闘は終了する
・・・・

今日戦で蒙古の野郎
斬った奴はいるか?
・・・・

優之介は……
弓も射てないしな
どうやって
武士になったんだ?
すいません
武器の補給
してました

俺だって何も
出来なかった
わしだって!

俺だって一緒だ!!
だから、今夜
奴らに夜襲を
かける!!

おっおいおいっ
宗三郎っそんな、
くやしくないのかっ
正気か？

優之介!! お主も
対馬の敵を取りたいだろ
ズイ
え？

えっ?!
パッ
ええ!! ええ!!
取りたいですよ
ええ!!

俺は、主君も仲間も
家族、みんな殺された
グッ
壱岐の敵を取らなきゃ
気がすまねぇ!!

でも…
この人数じゃ太刀打ちできんぞ
どうやる？
今さら一人、二人斬った所で
追っつかねーだろ

だから船に〝穴〟開けて
沈めてやる
じわじわと

海岸には誰も居ないぞ
見張りは船上だけだな
次はどうする?

奴らの小型船をいただいて
船底に穴開けてやる
バシャバシャ
この暗さじゃ近づいても
見つかるまい。

雨…?!

ポツ

風も出てきたな

なんだ、この船!!
浸水してるじゃねぇか
ギッ
…
こっちもだ
蒙古ってのは、こんな
雑な作りしてんのか?
お、おい

見ろよ!!
船が動いてるぞ
なにぃ
ギギー
ギー
なっなんだ?
慌てて引き上げてるのか?

※文永 11 年 10 月は現代では 11 月

冬の玄界灘は強い北風が吹き続けることが多く
朝鮮に戻るのに1ヶ月も南風を待つこともあった

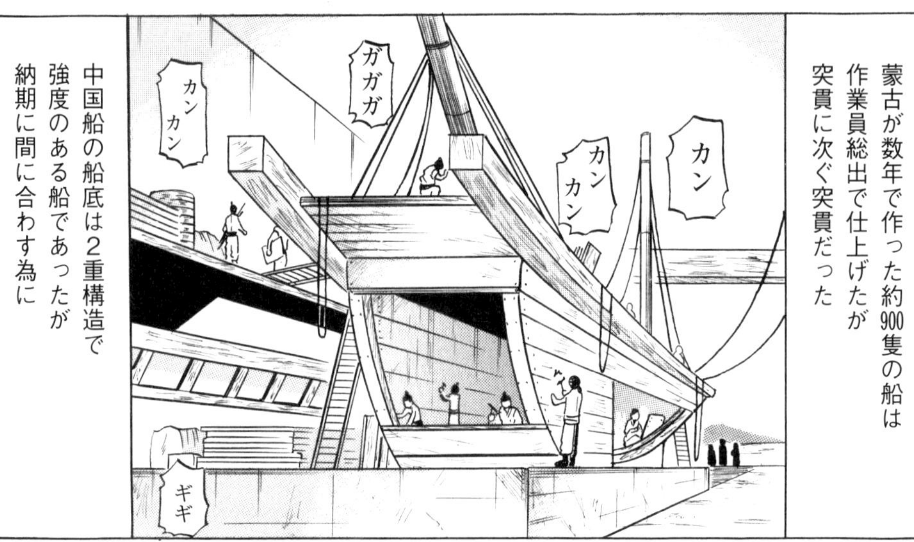
蒙古が数年で作った約900隻の船は
作業員総出で仕上げたが
突貫に次ぐ突貫だった
カン
カン
カン
ガガガ
カン
カン
ギギ
中国船の船底は2重構造で
強度のある船であったが
納期に間に合わす為に

高麗船の規模が小さく船底が浅い
簡単な船でしのいでいた
あと何隻ですかー
200だー!!
にひゃ
クラ
来年までに作れるワケがない
「人が運べる船」だったらいいい
最悪乗れたらいい
はい

そんな船が強風、高波、
岩の多い海域の衝突に
ザザァ
耐えられるはずがない

さらに蒙古軍の様々な
事情もあった

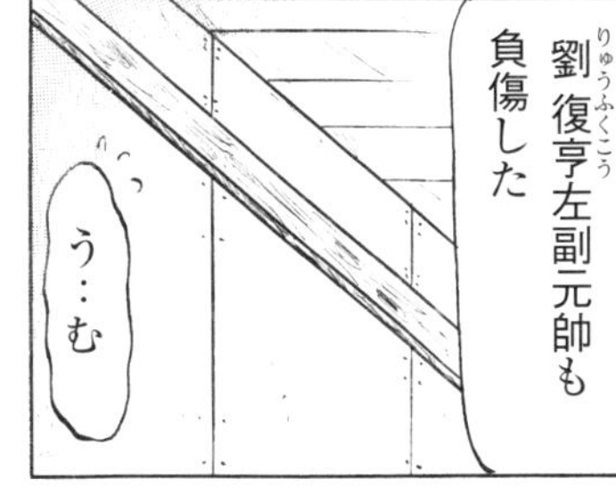

日本軍と相対するのは得策とは言えない

撤退すべきである

畢わる＝物事が尽きる、ことごとくおわる

10月21日午前6時頃
博多湾を埋め尽くしてた
蒙古軍は一夜にして

ビュオォォォォォォ

消えた

海に投げ出された兵は鎧、武具を身に
つけていた為、泳ぐことが出来ず
溺死した

「高麗史」によると
蒙・高の溺死者1万3500人
難を逃れた者は1ヶ月以上
かけて合浦（がっぽ）に帰還した。
高麗軍左軍使
金侁（キムシン）も溺死した

合浦＝朝鮮の地名

志賀島（しかのしま）に座礁し生き残った兵
約220名は捕らわれて斬首された

こうして多くの犠牲者を出した
「文永の役」は幕を閉じた
鎌倉幕府は次の襲来に備え
防塁、兵力を強化。
各地で蒙古退散の機運が高まった

武士も個の力より団体で戦うべきね
そうだね だけど、鎌倉武士も「騎兵」が中心なんだよ

騎兵??
騎兵とは武士小集団の事だよ
1騎兵
一人の武士（1騎）に従歩の郎党、戦闘員、補助等5～10人の集団

郎党＝主家の一族や従者

もし、資料に1騎兵と書かれてたら1騎兵＝1人は間違い
5～10倍の人がいたんだ 100騎兵なら500～1000人
だから「鎌倉武士は集団で戦うことが苦手」というのは違う気がする
モヤ モヤ
そんな風に言われてたんだ でも個人差がありそうね

日本三大八幡宮の一つ
筥崎宮って知ってる？
筥崎宮
放生会
博多どんたく
港まつり
博多祇園山笠
行きたい
博多どんたくと並ぶ「博多三大祭り」の一つね!!
うん!!その「筥崎宮」はこの戦いで炎上したんだよ
ゴォォォォォォオオ
ええ!!

その後、再建され亀山上皇が「敵國降伏」の扁額を納めたんだ
敵國降伏
敵国降伏？
また、日本に来たら降伏させてやる!!「ブッ飛ばす!!」のスローガンね
ブン
ブン
ちゃうちゃうちゃう

扁額＝長い額

敵國降伏の意味
武力によって敵を降伏させるではなく徳の力をもって導き相手が自ら靡き降伏する
力でねじ伏せるのではなく徳の力（品性や正しい心）で導いて相手が自ら降伏してもらう
Love & Peace
あらっ
クイ
我が国のあり方を説いてるんだよ
平和の念願も込められてるね

## 再来に備えた鎌倉幕府の対応とは

1274年の文永の役に1281年の弘安の役と、二度にわたって行われた「元寇」。当然、一度目と二度目では、日本側の対応も変わって来る。

暴風をきっかけに、一度目の元寇を撃退すると、幕府は、高麗への出兵を発表。やられる前にやり返す、というわけである。異国征伐に向けて、九州全域で兵員や物資の動員が行われ、本格的に準備をしていたが、結局は中止となった。

異国へ攻め込むのを諦める一方で、元軍の再来に備えて守備固めをすべく、鎌倉幕府は対策を講じた。九州の御家人に土地から離れることを禁じ、さらに、奴隷にした捕虜たちも逃がさないようにと注意喚起をしている。ちなみに、元軍との戦争で捕虜にした兵員は約2～3万人におよび、博多に集められた。蒙古兵、高麗兵、女真氏らは首を斬られて、日本と交流のあった旧南宋兵のみが助命されて、奴隷化されている。

さらに、外国人の入国への警戒を強めたうえで、石築地（石造りの強大障壁）の保守と点検を徹底。おまけに寺院や神社に対して祈祷まで命じている。蒙古襲来を恐れるがあまり混乱気味ですらあったようだが、打てる対策はすべて打つという幕府の姿勢が見てとれる。

一方、再襲撃を恐れたのは日本だけではなかった。高麗は計画を中止するように、元に上表文を提出している。高麗からすれば、徴兵によって農民は窮乏し、年貢も十分に納められず、国家の赤字も限界に来ていた。もうこれ以上の負担はできないと悲鳴を上げたのも無理からぬことだろう。

しかし、高麗の訴えもむなしく、元は日本への再襲来を決定する。１２８１年、弘安の役で再び日本を襲撃し、14万の大軍を動員するも、またもや大嵐に遭遇。失敗に終わっている。鎌倉幕府の入念な準備も無駄ではなかったわけだが、恩賞のない戦いに武士たちの不満が高まるばかり。鎌倉時代の終焉へと近づいていくのであった。

## 対馬と壱岐で行われた残虐行為

１２７４年（文永11年）10月20日、元・高麗の蒙古軍が博多湾に上陸した。博多から箱崎を攻略し、日本軍の本拠たる太宰府を一挙に占領しようとしたが、そこで日本軍の反撃にてこずることになる。とりわけ夜襲に苦しめられたようで、蒙古軍は太宰府の占領を諦めて、船に引き上げている。元の総司令官、クドゥンはこんな意見を述べたという。

「疲弊している兵士をこれ以上使い、日増しに増える敵と戦うのは良策ではない」

「神風」といわれる暴風雨が吹くのは、撤退した日の夜半のことであった。日本軍の健闘で、蒙古軍を見事に撃退できたが、博多の中心部で、蒙古軍による殺害、略奪、放火が横行するなど、その被害も甚大なものだった。

それだけではない。博多に上陸する前に、蒙古軍が襲撃した島があった。対馬と壱岐だ。蒙古軍は10月5日に対馬に上陸した。守護代宗助国が率いる80余騎の兵をわずか2時間あまりで討ち死にさせ、村民の皆殺しにしている。それも、ただ殺されただけではなく、女性たちは生け捕りにし、手のひらに穴を開け、ひもを通して数珠つなぎにしたうえで、日本の攻撃をかわす盾として船壁に並べたという。赤ん坊にも容赦はなく、股割きにして殺したというから、常軌を逸した残酷さである。

さらに、10月14日は壱岐を攻略。守護代平景隆が率いる１００余騎を打ち破って、城内に退却させ、自害に追い込んだ。対馬と同じく非道の限りが尽くされて、生存者はわずか65人だったともいわれている。

戦いには勝利したとはいえ、蒙古軍に行われた殺戮の限りを考えると、幕府が蒙古軍の再来を警戒して恐れを抱いたのも当然のことだろう。

## 集団戦法は蒙古軍ではなく日本軍のほうだった⁉

蒙古軍団が敗北したのは、軍船に原因があったのではないか——。

船舶設計を行う播田安弘氏が『日本史サイエンス　蒙古襲来、秀吉の大返し、戦艦大和の謎に迫る』で、そんな検証結果を導き出している。

フビライは1274年、日本を侵攻することを打ち出すと、大型軍船300隻、小型上陸艇300隻などを建造することを指示。しかし、納期までわずか半年しかなかったことから、この計画にはかなり無理があったようだ。

播田氏は、各種の船を参考にしながら、船型や船内配置、概算重量を算出。高麗建造の蒙古軍船は全長28m、幅9mの大型船で、定員は兵士と兵站兵で120名、船員60名の180名と推定した。さらに、実際の蒙古艦隊の規模は、大型・中型の合計でせいぜい、約300隻だったとして、兵士の数は2万6000人と算出している。

そこに馬も乗船させることになるため、全軍を上陸させるには、2万6000人の兵士と、700～1000頭の馬を300隻の大船団に乗せ、そこから30隻の上陸艇を10往復以上させなければならない。往復で1時間かかるとなると、実に10時間に上るため、上陸できた部隊から攻撃を開始したと考えるのが自然だろう。

これまでは「蒙古軍に集団戦法に、一騎打ちが常の日本軍は苦戦させられた」というのが、定説だった。だが、実は、少しずつしか上陸できなかった蒙古軍に対して、日本軍は集団で迎え撃ったのではないだろうか――播田氏はそんな説を打ち出している。
また、半数以上の蒙古船が川船形状で、波の揺れを大きく感じさせるものだったことから、上陸する頃には、兵士たちは船酔いでヘロヘロだった可能性が高い。敵軍の船の事情のおかげで、迎え撃つ日本軍側に思わぬアドバンテージがあったようだ。

# 第4章　弘安の役

「文永の役」の翌年、1275年（建治1年）
再び蒙古から国書を携えて
杜世忠（とせいちゅう）正使※一行（5名）が出向した

ザザァ

戦のあった博多を避け長門の
室津（山口県豊浦町）から上陸

正使＝代表

杜世忠享年34歳
辞世の句
「国を出るとき妻と子は
いつ帰って来るのか？
出世のことは考えず
無事に帰って来て欲しいと…」

龍ノ口＝処刑場

※弘安の役までに１部が完成、工事は鎌倉幕府滅亡の前年まで行われた

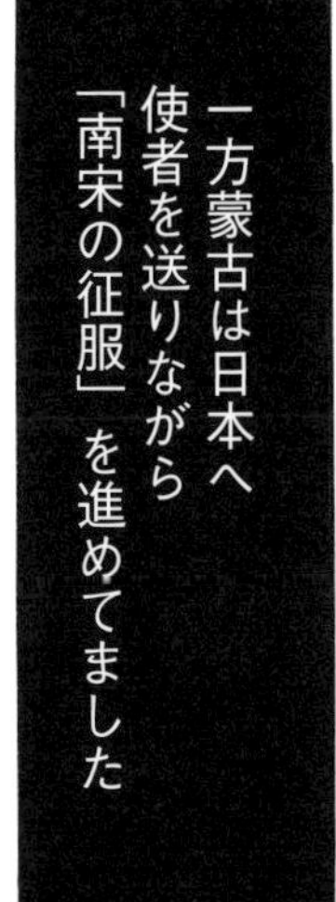


南宋＝中国の王朝の１つ

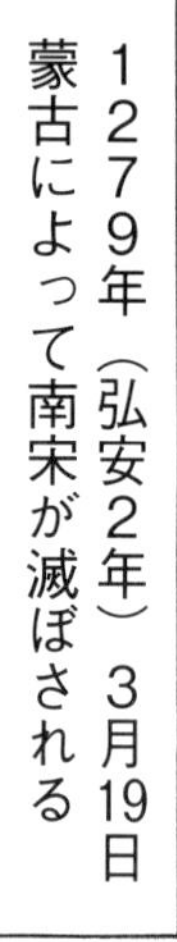
1279年（弘安2年）3月19日
蒙古によって南宋が滅ぼされる

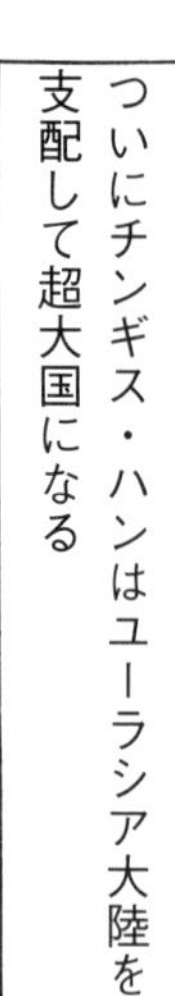
ついにチンギス・ハンはユーラシア大陸を
支配して超大国になる

日本から返書は？
いえ…届いておりません
おそらく使者は斬られたかと…

グググ…
もはや東アジアで
逆らう国は
日本だけ

日本侵略に向け
兵を召集せよ
はっ

南宋も墜とした
次は日本
貿易都市
博多から制圧だ

1281年（弘安4年）5月蒙古軍
総兵力14万が日本へ進軍開始

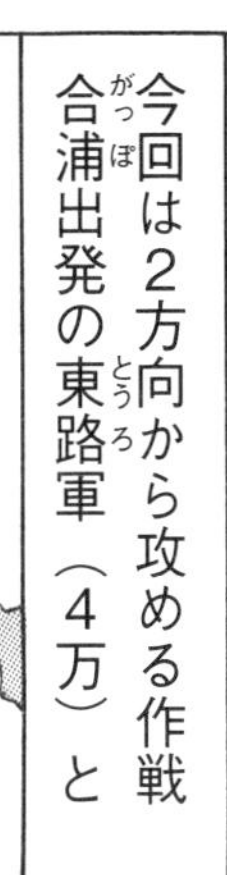


寧波出発の江南軍（10万）が
博多湾を目指す

合浦
対馬
寧波
壱岐
博多

東路軍は対馬、壱岐のルートで
進軍する

壱岐を占領した東路軍と
江南軍が合流する予定だったが

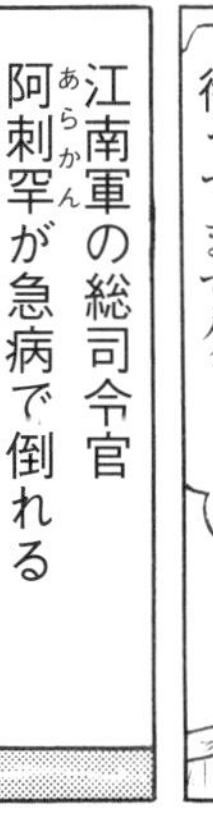


うーん

・・・・・

進行ルートの不手際もあり
大きく遅れる

痺れを切らせた東路軍は単独で
博多湾に襲撃
進軍
ザザザァ

しっ司令官…
あれを!!
どうした?

な…
なんだアレはっ!!

鎌倉幕府軍は東路軍の動きを察知しており
すでに戦闘態勢に入っていた
ドオン
ブルルゥ

撃てぇ
ドドドドド
ビュン
ぐっ
ビュン
うわぁ
ヒィ
ビュン
ぶうぁ
ぐぁ
!!
ぐぁ
わぁっ
ビュン
ビュン
ぐぁ
ギャァ
矢の勢いが増してる…
すぐに戦闘態勢に入り
抜都魯(バートル)で上陸しろ
矢の勢いがありすぎて
降りれないっ
ドカ
ドカ
戻せ
戻してくれ

まだまだぁ、ありったけの矢をぶち込んでやれ
ビュン
ビュン
ビュン
おお!!

補充隊はどんどん矢を運べ
はい
タッ
天は我らに味方しておるぞ
ガチャ
ガチャ

改良された弓もスゴいけど〝人の勢い〟が違う!!
戦闘って〝勢いに乗る〟ことが重要なんだな

ビュン
ビュン
ズッ
!?
ドカドカ

おい船が引き返すぞ
ヒュン
ヒュ
ヒュン
グググ…
いよっしゃぁ!!

上陸は中止だっ 体勢を立て直す!!
退却の鐘だ
ビュン
ビュン
ドガ
バアン
バアン
バァーン
ガガ…
ゴッ
フー
くっ 来るぞっ
え?
追撃だ
日本の追撃が来るぞ
ザザァァ

博多湾を突破できなかった東路軍は志賀島へ撤退。
志賀島
博多
鎌倉幕府軍は追撃

そして、膠着（こうちゃく）状態が続き夜を迎える

深夜、停泊している東路軍に夜襲をかける
チャ…
チャプ…
チャプ

あっ
かっ
ゴッ

倭人だ
ビクッ
ギャ
次の部隊はアレを持って来い
行け行け

・・
コレでも喰らえ
ワッ

ブヴィ
ぶっ

な、何だ
ブンッ
ははは
喰らえ喰らえ
つあ…
“糞(クソ)”だ
おりゃ
ゴロゴロ
ガッ

船内に糞や死体を投げ込み
感染症を狙らいます
ぐわぁ
ぎゃあ
ドッ
ベチャ
ドッチャ

また、鎌倉武士は海に落とされても
古式泳法で船に上がってきたとか…
ガキの頃から海が遊び場だ
軽装の甲冑なら余裕だわ
ドボーン

夜襲は成功し、
夜明けに引き揚げる

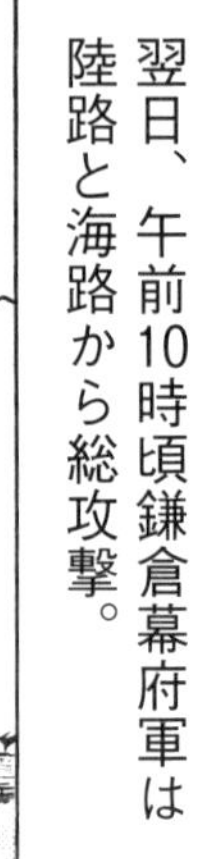

※約3000人の死者が出る

※龍造寺氏＝後に九州の北西部を支配する大名一族

何だとっ
蒙古は平戸島、鷹島から進軍すると?!
はい
鷹島
平戸
伊万里
船の停泊にも便利ですので必ず来ます
お主の情報はいつも、正確だが
なぜ〝来る〟と言い切れる

蒙古・朝鮮領内で遭難した日本の船頭が捕まり太宰府周辺の地図を書かされ情報が漏れました
なに
なんと

お許し下さい書かなきゃ殺されてました
ザワ
ザワ
ぐぐ…
・・・
ならば逆手に取ればよい
大丈夫ですよ
めんぼくない
裏をかかれたと見せかけて…

伊万里湾で待ち構え、鷹島近海で討つ!!
ヒュッ

スッ
すぐに配備を

もう一つ警戒を

台風が来ます
それも歴史に残る
大型台風です
幕府軍が
鷹島で敗戦
しなければ

この台風で蒙古軍は
壊滅します
ザワ
占いなのか?
・・・
え・・・
そうだ
台風の時期だ
本当か

うむ
我々にとって〝神風〟になるか

7月下旬頃、東路軍と江南軍は合流し
主力を鷹島へ移動（平戸島に数千人待機）
ドッ
ついに、太宰府を目指し進軍する

対する鎌倉幕府軍も、御家人、
援軍、流人など戦える者達が集結
ザザァ

鎌倉幕府軍が攻撃を仕掛ける
鷹島沖海戦
撃てぇ
ぶっ
うわぁ
ヒュッ
ヒュン
ヒュン
ヒュン

わぁ
うおっ
せい

ビュン
ビュン
ビュン
あぁ
ドカ
ドカ
ドカ

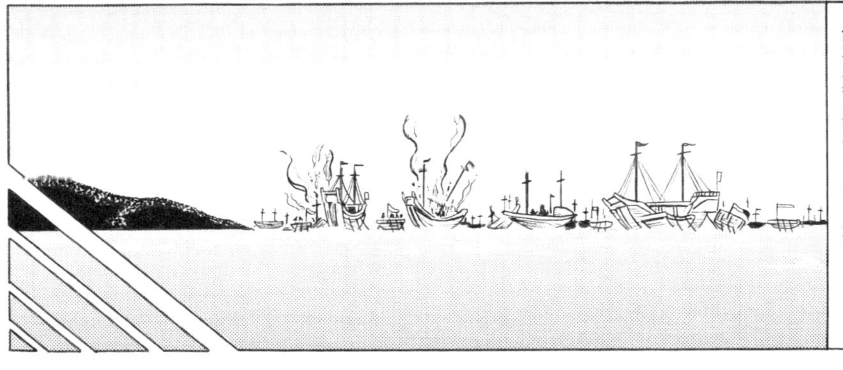
戦闘は日中から始まり、
夜明けとともに
鎌倉幕府軍は引き揚げた

鷹島の戦いから数日…
両軍は膠着状態が続く。
ビュオオオォォォォ

何で奴ら動かねぇんだ？
オオオ
文献が残ってないから
謎なんですよね

残された資料を元に
仮説を立てるしかない
オオオオオ

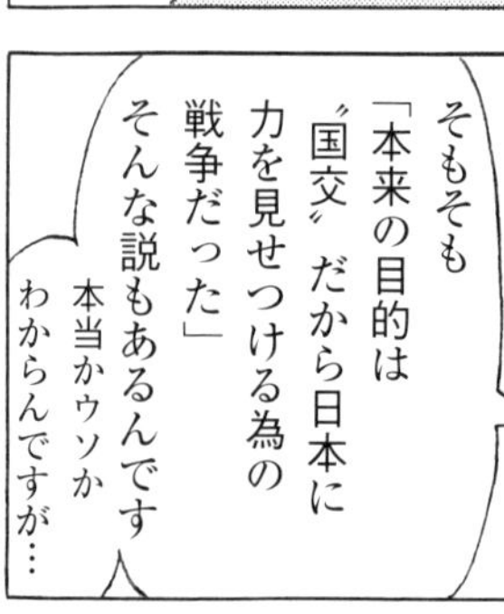
文献？
仮説？

日本軍の様子を
見ているのか？
蒙古軍の〝目的〟が
達成できたから撤退を
検討してるのか？
ブツ
ブツ
ブツ
そもそも
「本来の目的は
〝国交〟だから日本に
力を見せつける為の
戦争だった」
そんな説もあるんです
本当かウソか
わからんですが…

だけど、東アジアを征服してきた国が
チャンスを目の前に止めるかな？
ブツ
止まらざるを
得ないワケが
あるハズなんだ
ブツ
だって止めて、あらためて交渉するより
そのまま潰した方が早いでしょ
グググ…
…

腑に落ちないんだよなァ〜
難しい顔しても
外国人のことはわからんよ
って!!

八幡愚童訓にも蒙古軍が撃退されたことや日本も台風被害を受けたと記されてる

その光景を平戸島で見ていた
蒙古軍司令官らは決断する

武器も船も
幹部も失い戦えない

数千人の兵を置きざりにして
自分達だけ撤退します

※秦（中国）は40万人の捕虜の食料を賄う事ができず生き埋めにした

置き去りにされた蒙古兵は戦死
投降した兵も捕虜になり処刑された
ビュオォォォォォ
こうして多くの血が流れ命を失った
蒙古と日本の戦いが終る

蒙古軍は確かに最強だった
戦況にも様々な説がある
だけど、食料不足、疫病、自然災
害で総崩れになったのは間違いない
それに、何万人の投降兵が
侵略してきた蒙古の為に
高・朝
全力で戦うだろうか？

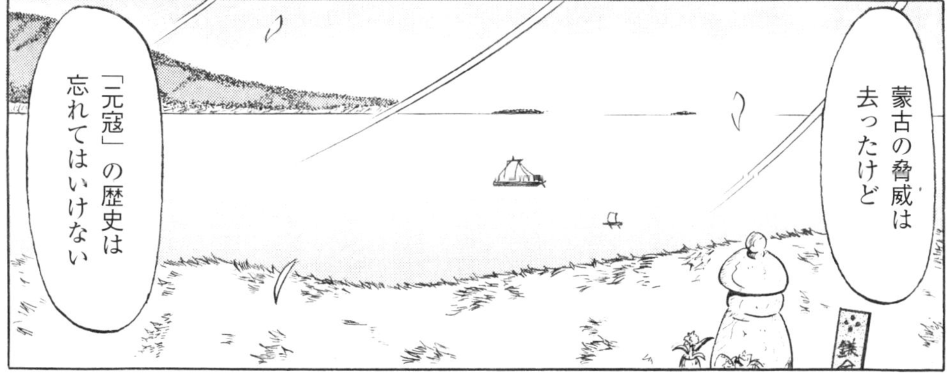
蒙古の脅威は
去ったけど
「元寇」の歴史は
忘れてはいけない

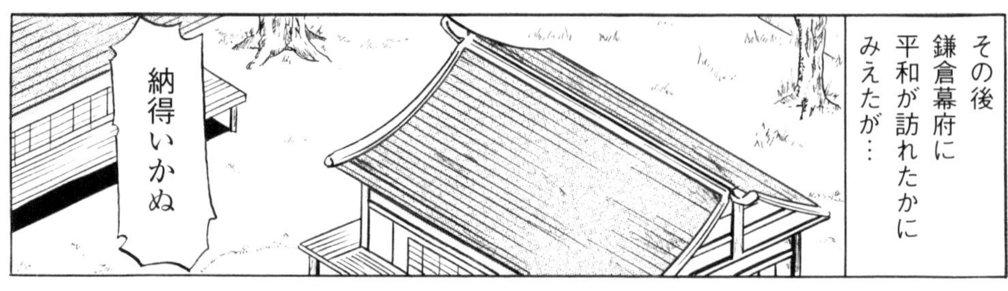
その後
鎌倉幕府に
平和が訪れたかに
みえたが…
納得いかぬ

我々御家人、武士団、援軍の力があってこそ蒙古の侵略を食い止めた
それが、少ない恩賞で済まそうなど納得できぬ

それどころか恩賞を、貰えぬ者が大勢いる
生活が苦しく土地を売った御家人もいますぞ

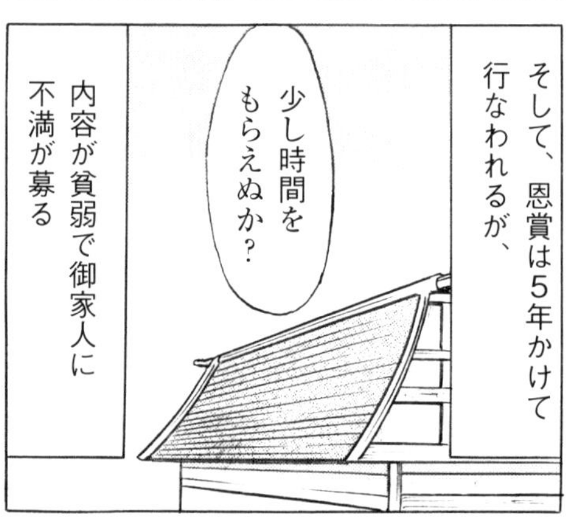
そして、恩賞は5年かけて行なわれるが、
少し時間をもらえぬか？
内容が貧弱で御家人に不満が募る

この不満により、反幕府の
武士が各地で出現
年貢を奪ったり土地を侵したり
治安が悪化する
ジャリ
ジャリ

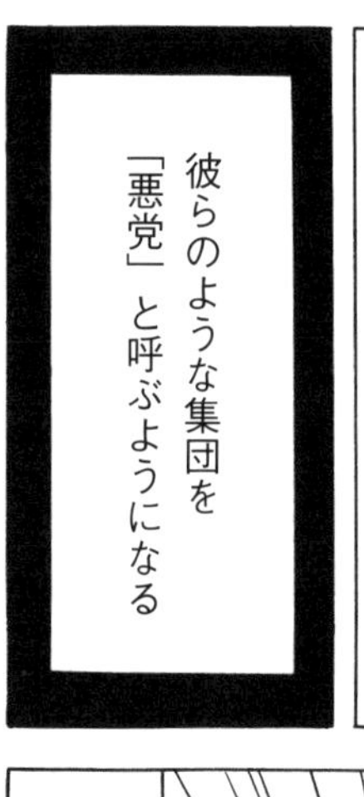
彼らのような集団を
「悪党」と呼ぶようになる

1331年後醍醐天皇が倒幕運動
を始める
幕府が私を
認めないので
私も不満が
ありました

悪党や武士達は一挙に天皇に加勢する
ワー
ワー
「元弘の乱」によって鎌倉幕府は滅亡する

一方、蒙古は3回目の日本
侵略を企てますが、
度重なる戦と内政が悪化
外も内も
大変だ
内政を
立て直す
ベトナム方面の侵略も失敗し
日本侵略は自然消滅

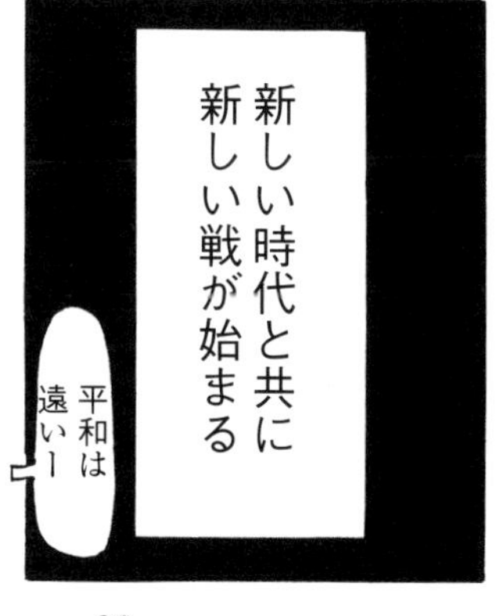
新しい時代と共に
新しい戦が始まる
平和は
遠いー

日本とモンゴルの間でこんな歴史があったなんて知らなかった
おりゃ おりゃ
そりゃ そりゃ
うん!! 勉強になったでしょ

だけど鎌倉幕府はきちんと恩賞を与えていれば
恩賞
まったく
滅亡しなかったのに…なんでケチったのかな?

多分…幕府は、お金も資産もなかったんじゃないかな?
む〜〜
武具や船、海岸の壁等の防衛費で消えたと思う

だからと言って「恩賞は無し」では通用しない……なぜなら
武士社会では「忠誠と奉公」で主従関係がなりたってるから。

忠誠と奉公
御家人、武士、武士団、民間などなど戦う理由は3つある
ざっくりと
「働く見返りに利益がある」

「上様の命令に逆えば一族が滅ぶ」
「戦で功を挙げれば一族が安泰」
家を家族を守る
つまり、恩賞やお家の為に戦っていた

ド
その戦いの中でも特に蒙古戦は激しかった
カッ

鷹島にある首除、血崎、刀の元、死浦、地獄谷の地名がどれだけ過酷だったかを物語っている
元寇記念之碑
また、蒙古兵の為に、蒙古塚（蒙古軍兵供養塔）が建てられた。戦死者の多さがうかがわれる

その戦の後に熊本から鎌倉まで長旅をして「恩賞はない」って言われたら？
暴れる
サッ
サッ

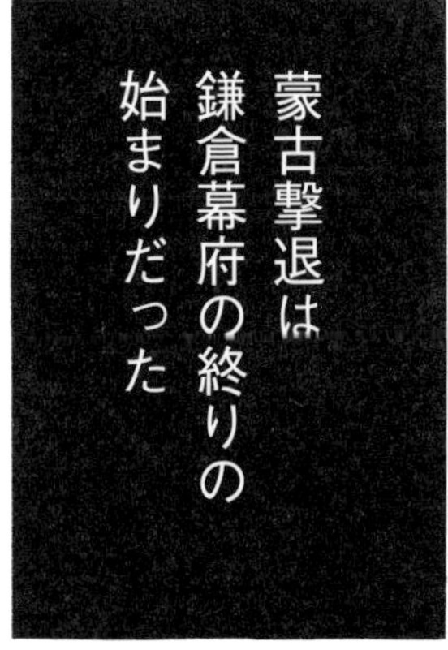
蒙古撃退は鎌倉幕府の終りの始まりだった

次の休日はどこに行こう？
博多を観光しようか？
元寇防塁
博多湾、神風？
まっぷ 博多
ええ!!
まだ元寇史跡を訪ねるの
遊びたいよ

でも歴史を追いながら
跡地を巡ると感慨深いでしょ
ヅ〜〜ン
少弐景資の
お墓だ
だから、ついつい感情移入して
700年前にタイムスリップしちゃうよ

ふ〜ん
…で、
いつまで着物着てんの？

あっ!!
また妄想で別の歴史に
行こうとしてる
ホワホワ
もう一回元寇に行って
少弐景資になろう、と

私もマネしてみるか
もしも自分が武将だったら
ホワホワ
ヒュ〜

やぁやぁ…
遠からん者は
音を聞け
私こそが

デデーーーン
東京生まれ千葉育ち
浅井あかり24才だ!!
天誅

父は会社員
母は主婦
社内結婚で
私が生まれる

5才でピアノ
8才でプールの
習い事!!
・・・・

中学受験は合格するも
高校でキツくなる
ザワ
ザワ
何の話だ
長い
だけど、親友の麻耶ちゃんと
がんばって大学受験合格!!
ギリギリよ

あの…実際に
居たらしいよ
チョンチョン
えっ
天誅
自分の生い立ちから
名乗りをする人

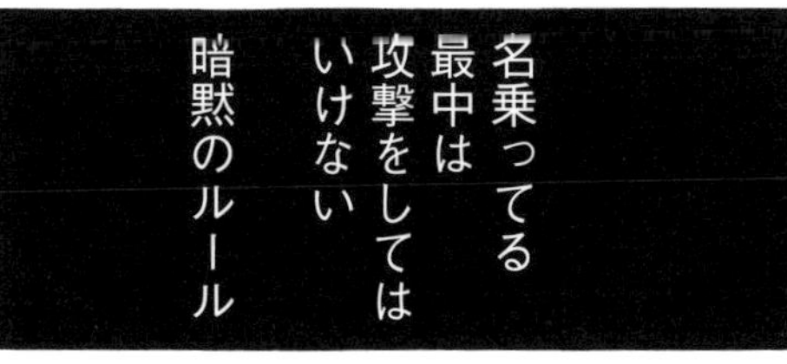
名乗ってる
最中は
攻撃をしては
いけない
暗黙のルール

## フビライの執念！「第三次元寇」の計画

二度あることは三度ある――。

度重なる失敗にもフビライはめげなかった。第三次日本遠征計画を行うべく、何度となくアクションを起こしている。

問題となったのが、艦船をどうするか、である。前回用いたものは壊滅状態にあり、再利用はできない。かといって、新しく造るのも材料の調達や財政上の問題で、困難な状態にあった。そこでフビライは、民間の船舶を徴用しながら艦船隊を造ろうと目論んでいた。

また、それに伴い、乗組員の確保が必要となる。艦船を操作するため、誰でもよいわけではなく、専門技術がいるため、フビライは水夫を公募。集まりがよくなかったのか、報酬を増加させたり、罪人である海賊から徴用したりするなど、人集めのための様々な施策を打ち出した。

さらには、海事技術要員の育成まで企画している。フビライは直属の部隊２０００人に船の技術を習得させ、さらに、周辺部族からも５００人を選抜して、水上の戦い方をトレーニングしていた。たとえ長い期間をかけることになっても、必ず日本を征服しようというフビライの強い意志が感じられるではないか。

だが、中国やベトナムの反乱によって、遠征の準備は何度となく中断されている。それでも、フビライは諦めずに何度も計画するが、最終的には断念。１２８６年（至元23年）正月に次のように述べたという。

「日本は孤遠の島夷なり。重ねて民力を困するを以て、日本を征するをやむ」

フビライが１２９４年に没すると、日本への遠征計画が立てられることは二度となかった。

# 第5章 漫画とコラムでわかる対馬の歴史

## 武器型青銅器からみる対馬の信仰

青銅器王国――。対馬がそんなふうに呼ばれているのをご存じだろうか。

対馬からは大量の青銅器が発見されている。なかでも多いのが銅矛や銅剣などの武器型青銅器である。地理的に、常に大陸からの脅威に晒され、海賊の来襲にも警戒する必要があった対馬。敵の来襲に備えて、武器型青銅器が発掘されるのは、当然のことのようにも思える。

だが、弥生時代後期からは、武器型青銅器は巨大化し、実戦では使いづらいものになっていく。そのため、武器型青銅器が実用品としてだけではなく、祭器として用いられていた可能性が指摘されている。『対馬・壱岐史を追う―古代日本の政治経済文化の探究Ⅰ―』で、著者の荒井登志夫氏は、対馬の青銅器について、次のような見解を打ち出している。

「中広形銅矛や広形銅矛は鰐（わに）の形を連想させるから海外祭祀に用いられたり、あるいは対馬の島の形と広形銅矛の形が類似しているから、国土（島）形成の信仰に用いられたこともあり得たのではなかろうか」

古代から対馬では、鹿の肩甲骨を用いた占いが行われていた。『魏志倭人伝』でも、倭人が骨を使った占いをしている様子が記されている。国外から対馬に亀卜が伝えられると、占いの方法は骨卜から亀卜へと移り変わったが、対馬で信仰が盛んだったことに変わりはない。

対馬では、大量の武器型青銅器や亀の甲羅を信仰に用いながら、迫りくる国外からの脅威に日々、備えていたのである。

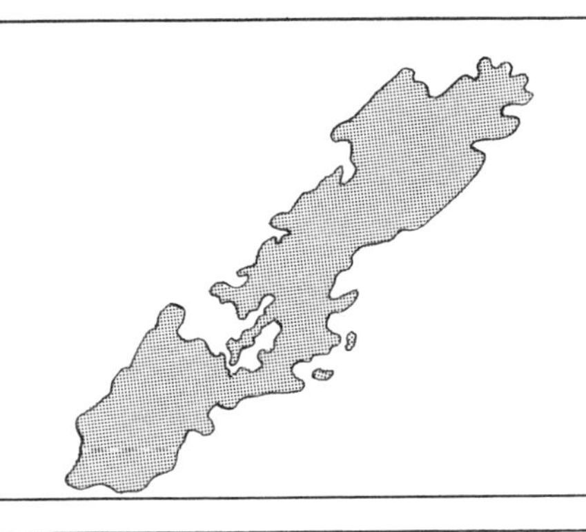
対馬は青銅器と占いに深く関わりがある
「青銅器大国」とまで呼ばれています

対馬は140本を超える広形銅矛などの青銅器が発見されている
ズラリ
青銅器は箱式石棺から出土したり神社に奉納されていたり集落近くの土中に埋められていた

なかでも武器型青銅器が大量に見付かっている。
プカプカ
警戒
スイ〜〜〜
地理的に大陸からの脅威と海賊の来襲に備えていたのかもしれない
弥生時代後期から武器型青銅器は巨大化
グーン
実戦では使えないね

実戦用だけでなく祭器として用いられてた可能性がある

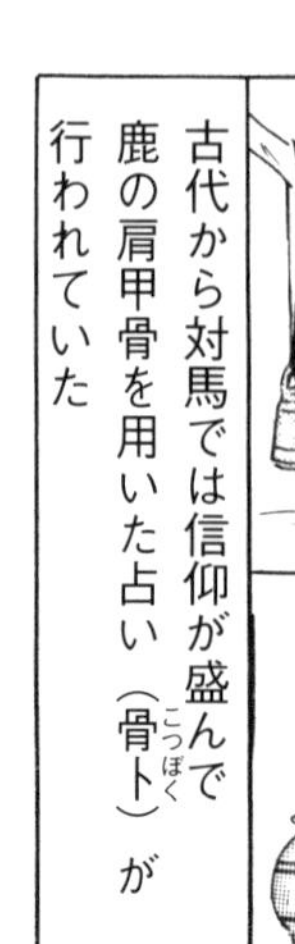

古代から対馬では信仰が盛んで鹿の肩甲骨を用いた占い（骨卜）が行われていた

そして国外から亀卜が伝えられると骨卜から亀卜へ代わった
骨卜とは獣骨を用いる占い
亀卜とは亀の甲羅を用いる占い

当時の支配層は対馬、壱岐、伊豆の卜部※を神祇官の管轄下に組織し
亀卜の実施と技術の伝承を行なわせた

※卜部は古代祭祀貴族の一つで

現代でも宮中行事や各地神社の儀式で行われている
※大嘗祭や稲作の豊穣祈願などなど

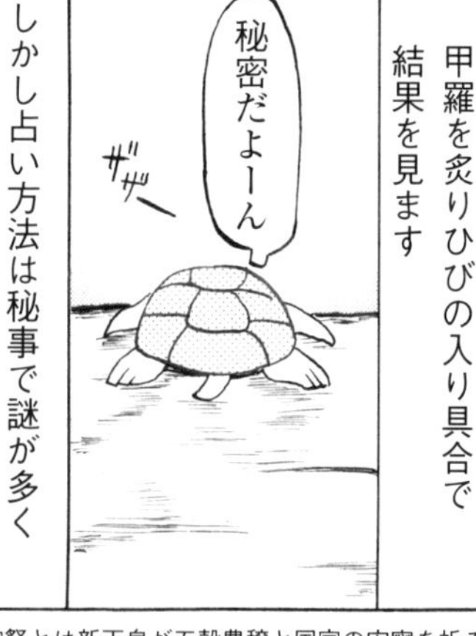

ちなみに亀卜占いは亀の甲羅を炙りひびの入り具合で結果を見ます
秘密だよーん
ザザー
しかし占い方法は秘事で謎が多く研究者も知ることができません

※大嘗祭とは新天皇が五穀豊穣と国家の安寧を祈る儀式

## いつから対馬は日本になったのか

日本列島と朝鮮半島の境界地域に位置する対馬。直線距離にして、博多から約120キロ、朝鮮の釜山からは約50キロの地点にある。日本で最も韓国に近い対馬は、いつから民族的、文化的に日本として組み込まれたのだろうか。

660年、朝鮮半島では、百済が唐と新羅の連合軍によって滅亡へ。だが、百済が滅亡後も、百済復興に向けての抵抗運動が各地で行われ、百済と親交が深かった日本も3万7000人あまりの軍を送っている。

そして663年、白村江で唐・新羅の連合軍と激突するが惨敗する。この「白村江の戦い」の敗戦後、大陸からの侵攻を恐れた日本の朝廷は「大宰府」という司令部を設置する。さらに、軍事施設を作り、「防人」（さきもり）と呼ばれる警備用の兵士を配備した。だが、これでもまだ安心することができない。

大陸に最も近いのは対馬である。そのため、対馬に金田城を築造し、国防の最前線とした。そして、7世紀後半から8世紀初頭にかけて、日本が「日本国」と称すると、律令制のもと、対馬も「対馬国」として日本の一部に位置づけられた。

その後、対馬では、日本の他の地域とほぼ同じ行政制度が適用されているため、この時点をもって対馬は日本に組み込まれたとするのが妥当だろう。敗戦をきっかけに、国防への意識が高まり、対馬の所属が明確化されたのである。

## 日本最強の城！注目が高まる「金田城」

白村江の戦いで敗戦した日本。唐と新羅の侵攻に備えて、対馬に築いたのが、金田城である。金田城は、百済の石積み技術を用いた朝鮮式山城で、百済人の指導のもと築城されたと考えられる。『日本書紀』には、金田城の名が、次のように記されている。

「天智天皇6年11月、倭国高安城、讃岐国山田郡 屋嶋城、對馬国金田城を築く」

大陸からの来襲を恐れながら、天智天皇が対策を急ぐ様子が伝わってくる。

金田城は、浅茅湾（あそうわん）に突き出した半島にある標高276メートルの城山に位置しており、現在も総延長約2・2キロの石塁を確認することができる。

金田城の城跡の価値が認められるようになると、1982年には、城山全域が長崎県で初めて国の特別史跡に指定。また、2017年には、日本城郭学会が金田城跡を「続日本100名城」に選出している。さらに、NHKの番組「あなたも絶対行きたくなる！日本『最強の城』スペシャル」でも「最強の城」として、金田城が取り上げられた。

注目度が高まるにつれて、観光客も増加しているが、駐車スペースやトイレが不十分で対応し切れていないのが現状である。そこで、対馬市は2020年度から3ヵ年計画で、総事業費1億円規模の整備を行うとしている。対馬観光の最前線として、金田城をてこ入れするのだ。

時代を超えて、存在感を発揮する金田城。対馬で繰り広げられた戦に思いを馳せながら、その城跡を訪ねるのもまた一興だろう。

## 仏像が盗まれた！韓国での裁判の行方

日本で韓国から最も近い玄関口である対馬では、日韓における、いさかいの舞台にもなりやすい。２０１２年には、韓国人の窃盗団が、対馬の観音寺や海神神社から仏像を盗み出すという事件が起き、大騒ぎとなった。

盗まれた仏像は二体で、観音寺が所蔵していた長崎県指定有形文化財の「観世音菩薩坐像（かんぜおんぼさつざぞう）」と、海神神社が所蔵していた国指定の重要文化財「銅造如来立像（どうぞうにょらいりゅうぞう）」。窃盗を行った犯人グループは韓国内で逮捕され、韓国当局によって2体とも回収された。銅造如来立像は、国際条約「文化財不法輸出入等禁止条約」に則って、２０１５年に対馬に返還された。

だが、観世音菩薩坐像については、韓国西部・忠清南道瑞山市にある浮石寺が所有者として名乗り出たため、まだ返却がなされていない。裁判は今もなお続いており、「数百年前に日本の倭寇に略奪されたものだ」とする浮石寺の主張に正当性があるのかどうか、韓国の専門家が、仏像の制作時期を検証している。

盗んだ仏像を返却しないことに、歴史的経緯をもって正当化するのは、言語道断である。日本の仏像と韓国の仏像が共生するという、対馬ならではの「仏像事情」が事態を複雑化させることとなった。

韓国から最も近い
対馬で盗難事件が発生
あぁっ仏像が無い
仏像は
いただいた
2012年（平成24年）
韓国人窃盗団によって
対馬の重要文化財の仏像
2体が盗まれる

1体は観音寺が所蔵していた
「観世音菩薩坐像」

1体は海神神社が所蔵していた
「銅造如来立像」

犯人グループは韓国で逮捕され
韓国当局によって2体とも回収された
ワールド
NEWS
摘発は９人実行犯４人

2015年国際条約「文化財不法輸出
入等禁止条約」に則って
「銅造如来立像」は対馬に返還
される……がしかし!!

「観世音菩薩坐像」については、韓国西部にある「浮石寺」が所有者として名乗り出る
数百年前に日本の「倭寇」※に略奪されたものだよ
※13～16世紀に朝鮮、中国大陸沿岸に出没した海賊

「浮石寺」の主張に正当性があるのか韓国の専門家が検証している。
・・・

とりあえず返してよ
いやいや "浮石寺"(ウチ)の仏像かもしれないから
裁判は今も続いており仏像も返却されていない

日本の仏像と韓国の仏像が共生する対馬ならではの出来事かもしれない

Made In Japan

Made In Japan?
Made In Korea?

ちなみに韓国政府はユネスコで定められた条約に則り日本に返還すべきと主張している

## 人口が増え過ぎて困った！対馬藩の苦悩

このまま人口が増え続ければ、島の財政がもたなくなる――。

18世紀の前期、対馬藩はそんな悩みにさいなまれていた。対馬の島内人口が急増したのは、1658年（万治元年）から1677年（延宝5年）のこと。その後も、恒常的に増加。1699年（元禄12年）にはピークを迎えて、島内人口が3万2000人を超えた。

人口増加の背景には、銀の産出によって朝鮮貿易が活発化したことが挙げられる。だが、その後、朝鮮貿易は下り坂となり、それと同時に島の財政は悪化していく。

そこで、財政とのバランスをとるために、対馬藩は人口削減のための部門として1706年に「旅人吟味役」を設置。府内（現在の厳原）では、世帯数の上限を設けるといった対策が取られるようになる。

その結果、元禄期以降は島内人口が減少に転じ、天保年間（1830～1844年）にいたっては、ピーク時より5000人以上も減少。特に商人・職人を中心とする町人などの府内居住者が顕著に減ることとなった。

だが、府内の武士の人口は著しく減少することなく、1853年（文久2年）には過去最高となっている。近海に外国船が増え、警備に人手が割かれたためだと考えられている。

常に他国との関係性に影響を受ける対馬。外交的に問題が起こると、それは財政問題となり、島内で抱えられる人口の増減をも左右するのだ。

## 朝鮮が対馬を襲撃した「応永の外寇」

１４１９年（応永26年）、室町幕府の４代将軍、足利義持の時代に、李氏朝鮮が対馬を襲撃。日本では「応永の外冦」、韓国では「己亥東征」と称される国際的な事件が引き起こされた。

その背景には、13世紀から16世紀にかけて、朝鮮および中国大陸沿岸に出没した「倭寇」の存在がある。倭寇とは日本人が中心となった海賊で、朝鮮や中国はその略奪行為に悩まされていた。そのため、李氏朝鮮は、倭寇の一大拠点と見られていた対馬を攻撃することを決意。だが、それはあくまでも倭寇討伐のためのもの。九州ひいては日本への攻撃ではない、というのが、李氏朝鮮のスタンスだった。

対馬の征伐にあたって、朝鮮の上王である太宗は、次のような教書を発している。

「対馬は島ではあるが、もとは我が国の地である。しかし、距離が離れていて狭い土地であるため、倭寇が住み着いてしまったのである」

対馬征伐軍は、約1万7０００人の兵を２２7隻に乗せて、対馬の尾崎浦に到着。島内の捜索を開始すると、１９３9戸の家を焼いて、１１４人を殺害した。

それに対して、対馬を守る武士の数はたったの６００人程度。苦戦が予想されたが、宗貞盛率いる対馬勢は思わぬ奮闘を見せる。敵軍を内陸部に引き込んで急襲する、という作戦が見事にあたり、李氏朝鮮軍を撤退させることに成功した。

李氏朝鮮側の敗北に終わった「応永の外寇」。朝鮮が「対馬は我が国」という見解を表明したのはこのときが初めて。対馬帰属問題として、その後の両国の関係に影響を残すことになる。

## 日朝貿易で台頭した宗氏

日本と朝鮮を結ぶ、対馬——。

対馬にとって欠かせない日朝貿易が始まったのは、1392年のことだ。足利義満によって南北朝の統一が成し遂げられたその年に、高麗王朝が滅亡。新たに朝鮮王国が建国された。高麗王に代わって朝鮮国王となったのは太祖である。太祖が日本に通交と倭寇の禁止を求めると、日本はこれを承諾。日朝貿易が盛んに行われるようになった。

同時期に明と日本との日明貿易も開始されるが、日朝貿易とはシステムが異なる。日明貿易では勘合貿易しか認められてなかった一方で、日朝貿易は大名や国人、商人たちにも広く貿易が認められていた。そこには、民間にも正式な貿易を認めることによって、倭寇の活動を抑制するという狙いがあった。

そんな自由度が高かった日朝貿易において、対馬における地域権力として、宗氏が台頭。朝鮮王朝と密接な外交関係を長きに渡って築いた。代表的な人物が宗氏の第8代当主、宗貞茂である。

貞茂は倭寇の取り締まりを強化することで、朝鮮との関係性を改善。日朝貿易の窓口となった。朝鮮が対馬を襲撃する「応永の外寇」は、貞茂が死去してしまい、倭寇の活動が再び活発化したことが、その背景にあったとされている。

その後、宗氏は「応永の外寇」の戦後処理も巧みに行い、1443年（嘉吉3年）には、嘉吉条約を締結。1年に50隻を限定とする日朝貿易が再開されることになった。

## 幕末に起きた「ロシア軍艦対馬占領事件」

対馬に影響を与えるのは、中韓に限らない。幕末には、ロシア艦隊が対馬を占領するという事件が起きている。

1861年（文久元年）、ロシア軍艦ポサドニック号が突如、対馬の尾浦崎に現れた。船体修理のためと言っていたにもかかわらず、1カ月後、ロシア兵たちは兵営施設の建造を開始。さらに、警備に就いていた対馬藩士を拉致して、藩主との対談を要求するという暴挙に出た。

ロシア側としては、対馬藩の藩主に無理矢理、租借権を自分たちに認めさせて、幕府に認めさせようという思惑があった。当然、対馬藩は対面を拒否するが、ロシア兵と住民の小競り合いが続き、時には略奪行為に至ることもあった。

対馬藩は江戸幕府に報告。幕府からは、外国奉行の小栗忠順が派遣された。小栗は、ロシア側からの要求である藩主謁見をなんとか退けたものの、艦隊の退去にはなかなか応してくれない。

そこで幕府はイギリス側に事情を説明。アジア一帯に植民地を持っているイギリスにとっても、対馬をロシアに占領されることは避けたかった。そのため、イギリス軍艦が対馬に来航し、ロシア側に抗議を行った。対馬藩の抵抗もあり、租借要求が思ったように進展しないこともあり、やがてロシア艦隊は退去。修理するだけのはずの停泊は、実に5か月にも及んだ。

横暴で強引なロシアのやり方には呆れるばかりだが、それから44年後、ロシアを相手に、対馬沖で日本の連合艦隊バルチック艦隊を撃破。大勝利を飾って、かつての雪辱を晴らした。

対馬に影響を与えるのはアジア国に限らない
でで〜〜
〜ん
軍艦　ポサドニック号
1861年（文久元年）ロシア軍艦が突如、対馬の尾浦崎に現れ占領した

なっなんだこの船は？
ザワザワ
敵か？
恐いわ
オレが叩き斬ってやる
わしも戦うぞ

みな様、お騒がせして申し訳ない
船が故障したので修理の為停船しました
ロシア海軍中尉
ニコライ・ビリリョフ

ところが
な〜んだっそうか!!
しょーがないね
びっくりしたよ
良かった
ホッ

1カ月後、ロシア兵達は兵営施設の建造を開始
カンカン
ガガッ
船が直るまで生活スペースがいるから
いやいや聞いてないしダメだよ

租借権とはある国が別の国の領土の一部を借りること（統治権は借りた国が持つ）

その間にロシア兵と住民の小競り合いに飛び火し、対馬藩は江戸幕府に報告する

対馬がピンチだ!! 小栗くん助けに行ってくれ
はい

外国奉行の「小栗忠順(おぐりただまさ)」が派遣される

渡米して見識を広め近代化政策を行い、明治の父と言われてます

小栗は、ロシアの要求を退けたものの艦隊の退去には応じてくれません

そこで幕府はイギリスに相談
ロシアに困ってる
なるほど

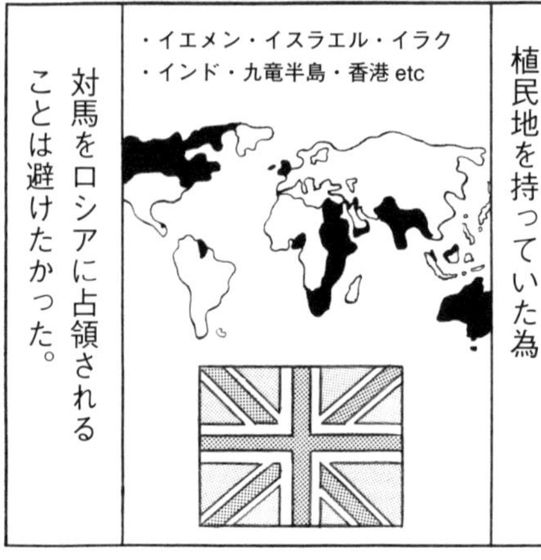
当時、イギリスはアジア一帯に植民地を持っていた為
・イエメン・イスラエル・イラク
・インド・九竜半島・香港 etc
対馬をロシアに占領されることは避けたかった。

そしてイギリス艦が出向して退去勧告を行った
!?
ザザァ〜
日本から出なさい
おいおい何だありゃ
また外国船が来たのかい
次から次へと…
幕府もロシアの外交官に「日露修好通商条約」に反すると抗議

するとロシア外務大臣は…
海軍の単独行動
私は知らなかった
外交問題なんて大げさにしないで

修理するだけの停泊は5ヶ月にも及びようやくロシア艦隊は退去した
ザザァ
やれやれ

それから44年後…
ゴオオオォォン
再びロシアを相手に戦いが始まる

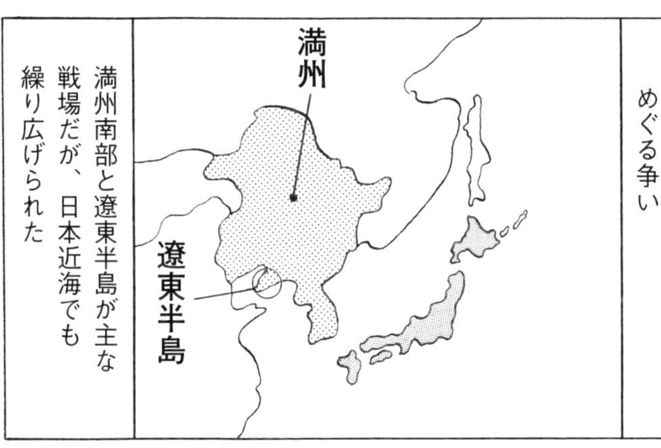
「日露戦争」
1904年〜1905年
朝鮮半島と満州の権益をめぐる争い
満州
遼東半島
満州南部と遼東半島が主な戦場だが、日本近海でも繰り広げられた

対馬沖の戦いは激しく、「対馬沖海戦」と呼ばれ日露戦争の最大規模の艦隊決戦になった
ゴオオオォオン
大勝利だ
日本連合艦隊はロシアバルチック艦隊を撃破し、かつての雪辱を晴らした。そしてロシア側を講話交渉の席に着かせた。

## 日本人居住地で起きた「三浦の乱」

嘉吉条約によって再開された日朝貿易だったが（コラム17参照）、その後も何度か危機が訪れている。1510年に起きた「三浦の乱」（さんぽのらん）がその一つである。

李氏朝鮮は、日朝貿易を行うにあたって、富山浦、乃而浦、薺浦を開港。その3つを「三浦」と呼んだ。そこに日本の使船や商船が入港していると、日本人が自然に居住するようになった。三浦に居住する日本人は「恒居倭人」（こきょわじん）と呼ばれ、三浦の日本人居留地は、対馬の宗氏の支配下に置かれることとなった。

だが、そこで問題が起きる。対馬が耕地に乏しかったことから、恒居倭人の数がどんどん増加。密漁や密貿易といった非合法行為も増えたため、朝鮮側は恒居倭人の取り締まりを強化せざるを得なかった。

それに反発した恒居倭人が起こしたのが「三浦の乱」である。貿易拡大を図った対馬の宗氏が恒居倭人をバックアップしたため、3000人あまりが暴徒と化したが、朝鮮軍によって鎮圧。恒居倭人は三浦から追放され、日朝貿易も衰退していく。

だが、その後も1512年の壬申約条によって貿易は再開。制限は厳しくなったものの、対馬の宗氏が独占する形での貿易そのものは継続している。

さらに、時代は下り、1592年には秀吉が朝鮮へ出兵。侵略自体は失敗に終わるが、両国の関係が悪化したことはいうでもない。再び日朝貿易に危機が訪れるが、1609年の己酉約条

（きゅうやくじょう）によって、またもや宗氏独占の形で貿易が復活している。

対馬にとって生命線である朝鮮との国交。宗氏は紆余曲折を経ながらも、その生命線を堅持し続けたのだった。

## サンフランシスコ平和条約と対馬

第二次世界大戦の終戦から6年後の1951年、日本と連合国との間で「サンフランシスコ平和条約」が締結。その結果、朝鮮、台湾、千島列島、南樺太、南洋諸島などにおける日本の権利が放棄されることとなった。一方で、対馬に関する言及はなく、戦前と同様に対馬が日本領であると認められた格好となった。

だが、2005年、米国務省の外交文書から新たな事実が明らかになる。サンフランシスコ講和条約の草案作成過程において、韓国が領土の部分に言及。対馬について「歴史的には韓国の領土である」とし、日本により強制的に不法に占領されたと主張。「韓国は日本から対馬の領有権を返還される」という趣旨の文言を入れるように、アメリカに公式に要求していたという。

それに対して、アメリカは「対馬は日本が長期間にわたり完全に統治しており、平和条約は対馬の現在の地位に影響を及ぼさない」と回答。韓国の要求を退けていたという経緯が明らかになった。

「対馬は朝鮮領である」という歴史認識は、1419年の「応永の外寇」に端を発している（コラム16参照）。このときの対馬への侵略は失敗に終わっているが、大韓民国の初代大統領、李承晩はその認識を受け継いで、1949年1月8日に「対馬を朝鮮領だ」とする旨の発言をしている。

かねてから戦勝国として平和条約に署名することを希望していた韓国。もし、それが叶えられていたならば、サンフランシスコ平和条約における対馬の扱いは変わっていた可能性もゼロではない。講和条約で、対馬が日本の領土として規定された意義の大きさを改めて実感する。

# 付録 対馬に行ってみよう！

一般社団法人対馬観光物産協会 提供

対馬の歴史観光コラム

## 対馬の神社

平安時代に編纂された「延喜式（神名帳）」（９２７年）に記載された神社を「式内社」と呼び、西海道（九州）全体で98社１０７座が名を連ねています。そのうち対馬には29社が集中し、壱岐の24社を加えると2島で九州全体の約半分を占め、由緒ある古社が鎮座するこれらの島々は、神道の源流のひとつと考えられています。

対馬では古くから多くの神々が祭られてきましたが、特に重要視されてきたのが、海の女神・豊玉姫（とよたまひめ）と、武神でもある神功皇后（じんぐうこうごう）です。豊玉姫は古事記の海幸山幸伝承に登場し、安産・豊漁など庶民向けの神徳もあり、島民に親しまれてきました。一方、神功皇后は懐妊したまま三韓征伐を行ったとされる勇ましい女神で、武家の守り神として、子の応神天皇とともに全国の八幡神社に祭られており、対馬をふくめ、元寇など外国の脅威を受けやすい北部九州にたくさんの伝承地があります。豊玉姫と神功皇后は、国境の島・対馬の二面性（交流と攻防）を示し、ともに対馬で篤く信仰されてきました。

対馬には現在でも、神社庁に登録されている神社が約１３０社ありますが、各集落で信仰されている恵比須や金比羅など登録外の神社・祠をあわせると、その数倍は存在するはずです。航海の危険や外国の脅威など、国境の島は常に緊張にさらされ、その祈りが形になったものが神社だと考えると、対馬は今も昔も、まさに神々の島なのです。

【和多都美（わだつみ）神社】
住所：　長崎県対馬市豊玉町仁位55
格式：　式内社比定（名神大）
祭神：　彦火々出見尊、豊玉姫命
その他：　烏帽子岳展望所まで車で5分

和多都美神社・拝殿・本殿

和多都美神社・磐座

和多都美神社

## 古代山城・金田城（かなたのき／かねだじょう）

7世紀、朝鮮半島は高句麗・新羅・百済の三国に分かれて争い、そこに唐や倭国（日本）が絡む複雑な政治情勢でした。660年には、唐・新羅の連合軍が百済を滅亡させ、百済の救援要請を受けた倭国が外海を越えて派兵しますが、朝鮮半島西部の白村江で大敗してしまいます。（663年白村江の戦い）

中大兄皇子（なかのおおえのおうじ、後の天智天皇）は、西日本各地に古代山城を築き、壱岐・対馬・筑紫（福岡）に防人・烽（とぶひ＝狼煙）を設置し、大陸からの侵攻に備えました。九州や近畿の兵力は損耗していたのか、あるいは関東の力を削ぐ意図があったのか、初期の防人は東国から徴発され、道具や食料は自前で準備し、現地に到着してから3年間、国防の監視・警戒の任務にあたりました。農村では深刻な労働力不足がおこり、任地から生きて帰る保証もないため、防人本人にも家族にも非常に重い負担でした。農地が極端に少ない対馬では需給自足ができず、福岡から食料を運ぶ船も遭難するなど、防人制度の運用は困難を極めたようです。万葉集の「防人の歌」の多くは、故郷に残してきた親や子どもたち、恋人を想う哀惜の念に満ち、胸に迫ります。

対馬における防人の拠点は、浅茅湾（あそうわん）南岸にある山城・金田城です。半島状の切り立った巨大な岩塊という地形を活かし、さらに2．2kmもの石塁（石垣）を巡らせて守りを固めた古代の要塞で、気象条件に恵まれれば、山頂から朝鮮半島の陸影を望むこともできます。

対馬の歴史・景観・自然の魅力が凝縮された金田城を訪問し、歴史ロマンに想いを馳せてみませんか？

【金田城（かなたのき／かねだじょう）】

住所：　長崎県対馬市美津島町黒瀬

築城：　６６７年（日本書紀）

指定・称号：　国指定特別史跡、「最強の城」（ＮＨＫ）、「続日本１００名城」（日本城郭協会）

金田城

山頂

城戸（一ノ城戸）

東南角石塁 01

東南角石塁 02

対馬の歴史観光コラム

## 小茂田浜（こもだはま）神社

鎌倉時代の元寇において、対馬は最初の襲撃地となり甚大な被害を受けました。西海岸の佐須浦（小茂田浜）には、3万とも4万ともいわれる蒙古・高麗軍のうち約1000人が上陸し、地頭代の宗　助国（そう　すけくに）は80数騎で迎え撃ちますが、衆寡敵せず全滅してしまいます。鎌倉武士であった助国は、敵に首を渡すことを潔しとせず、首を家臣に隠させたと伝わり、お首塚・お胴塚などがバラバラに祭られています。

村人が築いた助国の小さな祠は、宗家4代経茂により現在地（海岸沿い）に移され、さらに江戸時代に宗家21代（対馬藩2代藩主）義真により改建されました。例年11月には元寇に散った対馬の武士たちを慰霊するため小茂田浜神社大祭が行われ、令和2年夏には宗　助国の銅像が建立されました。

「対馬の元寇」は大きな悲劇でしたが、蒙古・高麗の大軍を相手に「一所懸命」に奮闘した宗助国の姿は国内外で作品のモチーフとなり、マンガ「アンゴルモア元寇合戦記」はアニメ化され、プレイステーション4用のゲーム「ゴーストオブツシマ」はハリウッドでの映画化が発表されるなど、話題を集めています。

元寇ののち、その復讐であるかのように倭寇（海賊・海商）が朝鮮半島や中国大陸沿岸を荒らすようになり、対馬はその一大拠点となりました。倭寇に手を焼いた李氏朝鮮はふたたび対馬を襲撃しますが（1419年応永の外寇）、浅茅湾の複雑な地形を活かしたゲリラ戦を展開した対

馬側の抵抗により撤退し、対馬と朝鮮は、外交と貿易による新たな関係を構築していくことになります。

**【小茂田浜（こもだはま）神社】**

住所：　長崎県対馬市厳原町小茂田７４２

祭神：　宗　助国

備考：　11月の大祭では、武者行列、鳴弦の儀（神事）などが行われる。

小茂田浜神社大祭「鳴弦の儀」の様子 02

小茂田浜神社（本殿）

小茂田浜神社大祭「鳴弦の儀」の様子 03

小茂田浜神社大祭「鳴弦の儀」の様子 01

## 対馬藩主菩提寺　万松院（ばんしょういん）

元寇・倭寇の動乱の時代を経て、また三浦の乱（朝鮮半島における日本人居留民の暴動）などを経験しながらも、対馬と朝鮮は平和通行の時代を迎えていました。岩がちで農耕に適さず、荒海として恐れられる玄界灘に四方を囲まれた対馬は、戦国時代の武将たちにとっては食指をそそる島ではなかったのでしょう。

ところが、新たな天下人となった豊臣秀吉は、朝鮮半島や中国、果てはインド（天竺）までを支配する野望に燃え、出兵の先陣となるよう対馬に命じます。対馬島主・宗　義智（そう　よしとし。宗家19代、のちの初代対馬藩主）は、秀吉の重臣・小西行長の娘マリアを娶り、行長とともに朝鮮に出兵し、6年もの戦乱に身を投じました。

無謀な戦乱は秀吉の病死により終結したものの、この戦争で豊臣家臣団は分裂し、関ヶ原の合戦（1600年）において行長は敗れ、斬首されました。

新たな天下人・徳川家康は、義智に朝鮮との和平交渉を命じますが、戦争の傷跡が深い朝鮮は容易に信頼せず、義智は双方の国書を偽造するという陰謀に手を染め、この難局を乗り切りました。

望まない朝鮮出兵、義父・行長の処刑、キリスト教の棄教、マリアとの離別など苦難に満ちた人生を送った義智は、1615年、大坂夏の陣で豊臣家が滅亡する前に、国書偽造の秘密を抱えたまま亡くなります。国書偽造の陰謀は、のちに対馬藩家老の柳川調興によって幕府に暴露され、徳川３代将軍家光を巻き込んだ一大外交スキャンダルへと発展しますが、家光の裁定により、宗　義成（よしなり。宗家20代、２代藩主）は安堵されました。

苦労と苦悩に満ちた義智の菩提を弔うため、息子の義成が松音寺を建立し、のちに義智の法号（戒名）をとって万松院と呼ばれるようになりました。

【万松院】

住所：　長崎県対馬市厳原町西里１９２

格式・称号：　対馬藩主菩提寺

宝物：　万松院の扁額（皇室より）、徳川歴代将軍の大位牌（徳川家より）、三具足（朝鮮国より）

拝観料：　１名３００円（税込）

備考：　本堂から先の百雁木（ひゃくがんぎ）と呼ばれる１３２段の石段を登ると、藩主の壮麗な墓所が姿をあらわす。10月の万松院祭りでは、約３５０基の石灯籠が点灯され、幻想的な雰囲気のなか、夕方から参拝できる。

万松院(ばんしょういん)の山門(さんもん)

百雁木(ひゃくがんぎ)（墓所への石段）01

百雁木(ひゃくがんぎ)（墓所への石段）02

朝鮮国王より贈られた三具足(みつぐそく)

対馬の歴史観光コラム

## 姫神山（ひめがみやま）砲台

19世紀は帝国主義の時代。ロシアは軍港ウラジオストック（東方を征服せよ、の意）を拠点に南下政策を強め、特に対馬の波穏やかな良港・浅茅湾に目を付け、東アジアの植民地化を目論んでいました。

文久元年（１８６１年）には、浅茅湾の一角・芋崎（いもざき）をロシア軍艦ポサドニック号が半年間にわたって不法占拠し、島民２名が犠牲になるという「ポサドニック号事件」が発生しました。

幕府は外国奉行・小栗忠順（おぐりただまさ）を派遣しますが、交渉は難航。結局、イギリス軍艦の圧力によりロシア軍艦は退去しますが、外国に単独で対処できない幕府の弱体ぶりを内外に印象づける出来事になりました。

明治時代になるとロシアとの軍事的緊張はさらに高まり、対馬を視察した山形有朋はその重要性について「対馬ハ我西門ニシテ、最要衝ノ地」と復命。１８８７年には東京湾要塞に次いで対馬要塞の建造が始まります。明治期には浅茅湾防備を目的に18基、昭和期には南北の海峡封鎖を目的に13基、合計31ヶ所もの砲台が整備され、対馬全体が対馬海峡に浮かぶ巨大な要塞になりました。

姫神山砲台は、対馬の明治期の砲台としては最大規模かつ典型的で、28センチ榴弾砲（りゅうだんほう）が６門（２門×３）設置されています。美津島町緒方（みつしままちおかた）集落から砲台跡手前までは舗装されていますが、車一台分の車幅しかないため、集落から片道1時間ほどの徒歩での訪問がおすすめです。砲台の眼となる観測所からは、東側の水平線を一望でき、気象条件により壱岐や沖ノ島を望むことができます。

**【姫神山（ひめがみやま）砲台】**

住所：長崎県対馬市美津島町緒方

指定：対馬市指定文化財

築造：明治33～34年

姫神山砲台跡

砲座付近

姫神山砲台観測所

【著者紹介】

**漫画家　英賀　千尋**

会社勤務を経て作家活動に入る。週刊少年マガジン、ヤングマガジンで奨励賞、佳作賞を受賞。

主な著作　まんがで学ぶ利休の逸話　淡交社、マンガやさしいプラスチック成形材料（マンガシリーズ）三光出版社、私は死んでる暇がない　サムライスピリッツで正々堂々とガンと闘う！ 23の頭脳を持つ超発明家からのメッセージ　ドクター中松著　ヒカルランド、まんが日本の歴史と偉人伝、楽しくどっさり収穫！ まんが家庭菜園入門、まんがでまるわかり野菜とハーブのコンテナ菜園　ブティック社、漫画でざっくりわかる渋沢栄一　ビジネス教育出版社。

History of TSUSHIMA 元寇と対馬の歴史

2021年6月18日　初版第1刷発行

著　者　英　賀　千　尋
発行者　中　野　進　介
発行所　株式会社ビジネス教育出版社

〒102-0074　東京都千代田区九段南4-7-13
TEL：03（3221）5361（代表）FAX：03（3222）7878
E-mail info@bks.co.jp　URL https://www.bks.co.jp

印刷・製本／萩原印刷株式会社
落丁・乱丁はおとりかえします

ブックカバーデザイン／飯田理湖
コラム執筆　夏池優一

ISBN 978-4-8283-0873-9